나는 메타버스에
살기로 했다

나는 메타버스에 살기로 했다

서승완 지음

A 애드앤미디어

메타버스가 뭔가요?

메타버스가 뭔가요? 왜 많은 이들이 메타버스에 열광하나요? 이런 질문을 받을 때면 머릿속에 맴도는 단어가 있다. 테라포밍(terraforming). 외계 행성을 개조하여 인간이 살 수 있게 바꾸는 작업을 의미하는 이 단어가 떠오른다. 인간은 여러 가지 욕망을 품고 살아가는 존재이다. 심지어 내가 품은 욕망이 무엇인지조차 명확히 파악하지 못할 만큼 거대하고 복잡한 욕망을 안고 살아간다. 그런 욕망으로 인해 때로는 좌절하고 서로 갈등하지만, 한편으로는 현생 인류가 여기까지 문명과 역사를 그려낸 원동력이 바로 그 욕망이 아닐까 싶다. 인류의 욕망은 이제 화성, 금성 등을 향하고 있다. 그러나 테라포밍은 그리 녹록한 과정이 아니다. 그러기에 화성, 금성의 공간에 도달하기 전에 인류가 먼저 도달한 공간이 메타버스라 본다. 메타버스는 디지털 테라포밍이며, 새로운 세상과 공간에 대한 탐닉이 인류를 메타버스에 열광하게 이끄는 셈이다.

　여기 그러한 세상과 공간을 멋지게 만드는 철학자가 있다. 사실 나는 한 번도 물리적 세상에서 서승완 대표를 만난 적이 없다. 다만 그가 창조한 세상을 통해 그가 어떤 사람인가를 가늠할 뿐이다. 많은 독자들이 이 책을 통해 철학자 서승완이 창조한 세상을 탐험하면 좋겠다. 그 세상은 어떻게 생겼고, 누가 살아가고, 어떤 희로애락이 일렁이는지 들여다보면 좋겠다. 그 과정에서 메타버스의 미래를 엿볼 수 있으리라 확신한다. 메타버스에서 살기로 결심한 철학자를 만나러 가보자.

　　　　　　－ 인지과학자, 강원대학교 교수, 『메타버스』 저자 김상균

무척 흥분되었을 뿐

5년여 전부터 갑자기 여기저기서 메타버스를 이야기하기 시작했지만 그 누구도 시원하게 설명하는 이는 없었다. 나는 페이스북이 오큘러스를 인수하여 메타버스로 기업의 체질을 바꾸려고 한다는 소식을 들었을 때도 공감하지 못했다. 일시적인 트렌드일 것이라고.

나의 무지를 통렬히 깨준 사람은 젊은 대학원생이었다. 당시 나는 해외대학과 공조하여 소프트웨어 전문가 교육과정을 운영하고 있었는데 COVID-19 사태로 인해 우리 엔지니어들을 해외대학에 파견할 수가 없었다. 고민 끝에 해외대학들과 협의하여 온라인으로 운영하였지만 현지에서 돈 주고도 살 수 없는 정성적 교육효과가 아쉬웠다.

그래서 졸업식만큼은 간접적으로나마 그들에게 새로운 감동을 주고 싶었고, 그 때 만난 분이 YUMC 서승완 대표이다. 그는 철학을 전공하고 있다. 철학과 메타버스라... 스티브잡스가 그러했듯 철학이라는 피가 돌지 않으면 기술의 끝단인 메타버스는 죽은 세계와 다름없다. 그것을 보여준 분이 서승완 대표이고, 최근 10년간 가장 젊지만 가장 많은 것을 느끼고 깨닫게 해 준 분이라 단언한다.

그가 메타버스에 관한 책을 낸다는 이야기를 들었을 때 나는 놀라지 않았다. 무척 흥분되었을 뿐이다. 복잡한 기술적 지식을 우리의 눈높이에 맞게 스토리텔링 하는 그의 치밀한 모습을 느껴보기 바란다. 풍부한 경험과 그에 따른 통찰을 바탕으로 눈앞에 다가온 메타버스 시대를 준비하는 우리들에게 친절한 길잡이가 되어 줄 것이다.

자, 이제 그가 안내하는 버스에 올라타 보자.

－LG전자 SW역량강화팀장 류창한

'메타버스'에 살고 있는 기분을 만끽해 보세요

10년 전에는 생각지도 못했던 일이다. 게임 속 공간에서 일을 하고, 친구를 만나고, 취미생활을 한다는 것은. 마인크래프트 유튜버로 활동하면서 '메타버스'의 시대가 점점 다가오고 있음을 느낀다.

마인크래프트가 단순한 게임이 아니라, 메타버스 시대를 선도하는 플랫폼이라는 서승완 대표의 말에 크게 공감한다. 샌드박스의 표준으로 자리잡은 마인크래프트는 누구나 자유롭게 자신만의 세계를 설계하고, 누릴 수 있게 해준다. 그 속에는 다양한 만남과 이야기, 그리고 삶이 존재한다. 나도 마인크래프트를 활용한 크리에이터 활동을 하면서 그런 세계를 수도 없이 만들고 체험했다. 나의 세계를 발판 삼아 많은 이들이 또 새로운 우주를 열어가는 광경을 보기도 했다. 바로 이런 게 메타버스가 아닌가!

특히, 걷기도 전부터 스마트폰을 쥔 세대는 더욱 '메타버스'에 익숙함을 느끼는 것 같다. 이들에게 있어 '크리에이터 이코노미'에서 경제활동을 하고, 연애를 하고, '아바타'의 이름으로 그것을 자랑하는 것은 이미 자연스러운 일이다.

서승완 대표의 『나는 메타버스에 살기로 했다』는 코로나19로 야기된 언택트 시대에, 필수불가결한 메타버스에 대한 앞서가는 통찰이 고스란히 담겨있다. MZ세대의 생생한 메타버스 경험담이 심도 있는 철학적 관점으로 스토리텔링 되어 있기에, 우리는 무릎을 치면서 공감하고 깊게 이해할 수 있다.

메타버스(Metaverse)에 살고 있고, 살아보고 싶고, 살기를 희망한다면 이 책을 펼쳐보길 추천한다. 이 책을 보는 순간 우리 모두는 '메타버스'에 살고 있는 기분을 만끽할 수 있을 것이다.

– 마인크래프트 유튜버(구독자 63만) 퀸톨

새로운 삶의 방식을 만들어가는 사람들

처음 영남대 학생들이 마인크래프트에서 메타버스를 구축하였다는 기사를 보고 감회가 새로웠습니다. 학교 선배로서 건축공학과 재학 당시 VR을 처음 접하고 현실과 가상공간의 연결을 꿈꾸었던 때가 떠올랐기 때문입니다. 오랜 시간 그 꿈을 버리지 않았기에 오큘러스와 페이스북 재직을 거쳐 미라지소프트라는 VR 회사를 설립하게 되었으니까요. 현재는 VR 낚시게임으로 글로벌 유저들에게 현실 같은 가상공간에서 함께 즐기는 경험을 전달하고 있습니다.

미라지소프트의 모토는 '현실 경험을 가상으로 확장한다'입니다. 이제 차기작을 개발하는 시점에서 이 책의 이야기들이 미라지소프트와 많은 접점이 있었고, 공간과 사람 그리고 연결이라는 메타버스의 핵심 가치에 대해 다시 한 번 고민해 보는 시간을 갖게 해주었습니다. 결국은 메타버스냐 아니냐가 중요한 게 아니라 '함께 어울리고자 하는 인간의 본성'을 디지털에서 어떻게 잘 구현하느냐 그 결과물이 메타버스로 이어진다고 생각됩니다.

이 디지털에서의 새로운 경험은 아는 것만으로는 부족하며 깊이 관여하여 경험해야만 온전히 이해가 가능한 부분입니다. 이러한 세계를 직접 제작하고 운영하고 생활하면서 얻은 서승완 저자와 YUMC의 경험들이 메타버스의 가능성을 새롭게 펼쳐나가는 데 매우 소중한 자양분이 될 것입니다. 앞으로 이를 어떻게 확장해 나갈지 무척 기대가 됩니다.

현실과 디지털이 공존하는 세계, 새로운 삶의 방식을 만들어 가는 사람들은 바로 이런 분들입니다.

– 미라지소프트 대표 안주형

▢ 들어가며 ■
메타버스에서 살아보기

일 년이 넘는 시간 동안 이상한 일들을 겪었습니다. 때로는 꿈을 꾸는 게 아닌가 생각했지요. 갑작스레 찾아온 코로나가 모든 것을 멈춰버린 시대, 하지만 그 속에서 저는 새로운 세계를 마주했고, 그 가능성을 읽었습니다. 저의 가슴을 마구 뛰게 하는 일이었죠.

이 책은 그 새로운 세계에서 살았던 저와 친구들의 경험을 최대한 담백하고 진솔하게 작성한 일종의 수기입니다. 주변에서는 이 세계를 두고 '메타버스Metaverse'라 부르더군요. 처음엔 저도 메타버스가 무엇인지, 그것이 얼마만큼 의미 있는 것인지 잘 몰랐습니다. 하지만 1~2년간의 체험을 통해 이제는 확실히 알고, 말할 수 있게 되었습니다. 그래서 수기와 함께 메타버스 전반에 대한 독자분들의 이해를 돕고, 그에 대한 노하우도 함께 나누고자 노력했습니다. 보잘 것 없지만, 저희의 작은 경험과 노하우가 많은 분들께 도움이 되기를 바랄 뿐입니다.

이 책이 나오기까지 정말 많은 분들께 신세를 졌습니다. 특히 영남대학교 마인크래프트 서버(YUMC)에 함께 해준 모든 분들께 무한한 감사의 인사를 드리고 싶네요. 덕분에 새로운 세상을 경험했습니다. YUMC 운영위원회 팀의 채시은, 김현도, 박민지, 박관규, 이보경, 장선아에게 가장 먼저 고마움을 표합니다. 저의 부족함이 크기에 그들의 많은 도움을 받았습니다. 서버 매니저로 함께 일하고 있는 이진영, 김서현, 이수민에게도 같은 마음을 전합니다. 항상 서버를 위해 많이 노력해주어 고맙습니다. 윰씨독백방 친구들을 비롯해 더 많은 분들의 이름을 적을 수 없어 미안합니다. 『메타버스』 저자이신 김상균 교수님께도 감사의 인사를 드립니다. 저희의 메타버스 여정을 주목하고 응원해주신 덕분에 많은 성장을 이룰 수 있었습니다. 진명숙 책임님을 비롯한, LG전자 SW역량강화팀에 계시는 분들께도 머리를 숙입니다. 크나큰 프로젝트를 믿고 맡겨주신 덕에 많은 공부와 경험이 되었습니다.

중학교 시절 마인크래프트의 재미를 알게 해준 김성수 외 M.M.G. 친구들, 그리고 톤마 서버를 함께 일군, 저의 오랜 지기들인 허은정, 지련, 박정민의 이름도 빠뜨릴 수 없겠군요. 부관리자로 활동해주었던 친구 박진엽을 비롯해 친구 김연의, 박정은, 전명선과 각각 나눈 이야기도 집필에 큰 도움이 되었습니다. 모두 고맙습니다.

마지막으로 저희의 여정에 큰 격려를 보내주시는 영남대 최외출 총장님, 늘 아낌없는 지도로 보살펴주시는 최재목 교수님, 많은 가르침 주신 허창덕 교수님과 홍보팀 권오상 선생님께도 감사의 마음을 담습니다. 영남대 구성원으로서 더 성실히 배우고 노력하겠습니다. 마지막으로 애드앤미디어 엄혜경 대표님과 여러분들께도 감사의 인사를 드립니다. 주야로 신경써주신 덕분에 저희들의 이야기가 세상에 잘 나올 수 있게 되었습니다.

사실, 저희의 여정이 외부에 알려지고 나서 많은 사업 제의를 받았습니다. 혹하는 제안들도 있었지만, 끝내 수락하지 않았던 것은 '눈앞의 이익에 급급하다, 더 많은 배움과 경험의 기회를 잃어서는 안 된다'는 판단 때문이었습니다. 애초부터 그런 것에 흔들렸다면 도달할 수 없었던 여정이 아니었을까요?

어느 누구는 말하더군요. '인생은 선물'이라고요. 제게 주어진 모든 일들, 그리고 이렇게 이루어낸 오늘의 성과들은 그저 선물일 뿐이라고 생각합니다. 제 능력이 뛰어났던 것이 아니라, 그저 운이 좋았고, 좋은 사람들이 곁에 많이 있었던 까닭이겠지요.

앞으로 저희의 여정이 어디까지 닿을까요? 이 무궁무진한 메타버스의 세계에서, 저희는 계속 살아가려 합니다. 이 책을 선택해주신 분들과 이곳에서 모두 함께 만날 날을 고대하겠습니다.

메타버스 캠퍼스 식당역 별별이 하우스 앞에서

서승완

□ 프롤로그 ■
신선한 풍경들로의 초대

*"가까운 사람들과 함께해서
더 행복한 캠퍼스 라이프"*

여기 한 모임이 있습니다. 마인크래프트를 좋아하는, 그리고 마인크래프트로 새로운 세상을 꿈꾸는, 그런 영남대 학생들의 모임이죠. 갑작스럽게 찾아온 코로나 바이러스는 학생들의 등교는커녕, 그 어떤 캠퍼스 라이프도 제대로 즐길 수 없는 세상을 만들어 버렸습니다.

그러나 학생들은 포기하지 않았죠. 바로 마인크래프트 세계에다 캠퍼스를 만든 것입니다. 그 가상의 공간에 영남대학교 캠퍼스 건물이 들어섰고, 학생들은 그 속에서 동아리 활동을 하고, 또 친구를 사귀었습니다. 코로나로 멀어질 수밖에 없는 이 안타까운 시기를, '가까운 사람들과 함께해서 더 행복한 캠퍼스'로 바꾸어버린 역설이었죠. 꿈은 분명했습니다. 결과도 만족스러웠고요. 사람들은 학생들의 세계를 두고 메타버스^{Metaverse}라 불렀습니다.

학생들이 만든 메타버스 캠퍼스는 그저 번듯한 건물만 존재하는 공간이 아니었습니다. 학생들은 자발적으로 커뮤니티를 형성하고, 입학식과 졸업식, 생일 파티, 군대 송별회 등의 행사를 열었습니다. 가상 도서관에는 저 마다의 경험담과 정보를 나누는 책으로 가득 찼고, 매주 진행되는 라디오 프로그램은 수많은 청취자들의 인기를 누렸습니다. 학교 바깥에는 학생들이 만든 여러 집과 농장, 마을이 끝없이 펼쳐졌습니다. 돈을 벌어 경제 활동을 하고, 악기를 배워 연주를 하거나, 무한한 자연을 탐구하는 일이 수도 없이 일어났죠. 하나의 작은 사회였고, 학생들은 그 곳에서 또 다른 삶을 향유하고 있었습니다.

어느덧 모임의 구성원은 300명 가까이로 불었습니다. 메타버스 연구자들의 주목을 받은 학생들은 한 대기업의 메타버스 행사 구축을 돕기까지 했습니다. 여러 언론 매체들이 학생들을 찾아왔고, 그들은 하나 같이 물었습니다. '이 모든 것이 어떻게 가능했냐'고. 그 때마다 학생들은 자신 있게 대답했습니다. '모두가 함께 했으니까요.'

지금부터 여러분들께 그 이야기를 들려드리려고 합니다. 모두가 함께, 각자의 위치에서, 자발적으로 만들어 온 메타버스의 신선한 풍경들을요.

YUMC

362 likes

metaverse   #minecraft   #YUMC

CONTENTS

PART 2 메타버스 캠퍼스로 등교하기

PART 3 메타버스 세상 만들기

SPECIAL INTERVIEW
메타버스에 사는 사람들

PART1

메타버스라는 세계

철학도가 어떻게
메타버스를?

　저에게 이런 질문을 하는 분들이 많았습니다. 지난 1~2년간 메타버스 캠퍼스를 운영하면서, 그리고 그 경험을 많은 분들과 함께 나누는 과정 속에서 자주 접했던 질문이지요. 만나는 이들마다 저를 이과라면 공대생, 문과라면 경제·경영 전공생일 것이라 추측하더군요. 그런데 '턱도 아니게 철학'이었다니.

　독자분들께서도 궁금증을 품으실지도 모르겠네요. '철학이 도대체 메타버스와 무슨 관련이 있담?'하고요. 저는 거꾸로 물어보고 싶습니다. '왜 메타버스를 공학과 경영의 틀에 가두냐고'요. '메타버스=기술=경제'라는 잘못된 도식을 버리지 않는 한, 메타버스를 제대로 이해하기란 쉽지 않을 것입니다.

　사실 메타버스는 그리 특별한 개념이 아닙니다. 공학도만이 다룰 수 있는 무시무시한 주문도 아니고, 최신 경제 이론이나 주식 투자에 각별한 관심을 갖고 있어야 성취 가능한 유의 것도 아니지요. 세상에 없던 것인데 어느 날 갑자기 혜성처럼 찾아온 것은 더더욱 아니고 말입니다.

사실 21세기를 살아가는 절대다수는 이미 메타버스를 경험했으며, 지금도 생생히 경험하고 있습니다. 카카오톡이나 네이버 밴드와 같은 디지털 공간 또한 넓은 의미에서는 메타버스라 부를 수 있기 때문입니다. 물론 압니다. 독자 여러분께서 기대하시는 메타버스가 겨우 일상적인 디지털 공간만은 아니라는 것을요. 하지만 꼭 드리고 싶은 말씀은, 그 일상적인 디지털 공간과 무궁무진한 가상 세계로서의 메타버스가 본질적으로는 크게 다르지 않다는 점입니다.

두 공간의 지향점과 결론은 같습니다. '결국엔 사람'이라는 점이지요. 어떤 메타버스가 기술적으로 굉장히 화려하고, 어마어마한 경제적 가치로 환산된다고 하더라도, 그 공간을 이용하는 사람이 없다면, 그리고 그 공간에서 계속 이루어지는 소통과 교류들이 없다면, 그 메타버스는 '폐허'가 되기 십상일 것입니다. 그저 일회성의 행사를 위해, 혹은 유행에 편승하기 위해 우후죽순처럼 만들어지는 메타버스가 많습니다. 그 또한 나름의 의미가 있을 것이지만, 더 많은 의미를 만들어내지는 못할 것입니다.

정말 중요한 것은 그 메타버스가 담고 있는 스토리와 그곳에서 이루어지는 소통과 교류, 그런 인문적 행위들이 아닐까요?

저는 그런 면에서, 철학 전공인 제가 메타버스를 공부하고 구축하는 것이 전혀 이상하지 않다고 생각합니다. 오히려 진정한 메타버스의 기반은 인문학에서 나올 수밖에 없습니다.

어떻게 보면 지금부터 곧 이 책에서 다루게 될 '메타버스 캠퍼스에서의 경험'은 그 인문적 현장을 생생히 보여주는 증거들이라 할 수 있습니다. 학생들이 함께 마을을 만들고, 회사를 세우고, 심지어는 법적 쟁점을 두고 다투는 그 모든 모습들이 분명 '기술'의 영역은 아니겠지요. 여러분에게 이런 이야기를 들려 드릴 수 있어 너무나 다행입니다.

그래서
메타버스가 뭔데요?

이 책을 선택하신 독자분들이라면 '메타버스'라는 낱말이 마치 외계어처럼 낯설지만은 않을 것입니다. 다만 개개인마다 메타버스에 대한 이해도와 체감도의 차이가 있을 뿐이겠죠. 그래서 굳이 처음부터 메타버스의 사전적 정의를 구구절절 늘어놓지는 않았습니다. 그래도 명색이 메타버스에 대한 책인데, 아무런 설명이 없는 것은 섭섭하겠지요?

'메타버스Metaverse'는 '이후' 또는 '그 너머'를 의미하는 그리스어 'Meta(μετά)'와 '우주'를 의미하는 'Universe'의 합성어입니다. 닐 스티븐스의 소설 '스노우 크래시(1992)'에 처음으로 등장한 개념으로, 현실의 우주Universe를 넘어선 가상의 세계를 가리키는 말이지요.

그런데 여기서 '가상 세계'라는 함정에 빠져서는 안 됩니다.

'가상 세계'는 곧 영어 'virtual world'에 대응하는 말입니다. 우리말에서의 가상假像은 '가짜', '거짓'과 통하는 단어지만, 영어의 virtual은 '실제와 매우 유사한', '실질적인'이라는 뜻을 담고 있습니다.

'virtual ruler'는 '가상의 통치자'가 아니라, '거의 통치자의 역할을 하고 있는 실질적 통치자'를 의미하지요. '가상 세계' 또한 '실존하지 않는 가짜 세계'가 아닌, '거의 현실 세계와 유사한, 또 하나의 세계'인 것이지요. 그렇기에 머리로 공상만 한다고 해서 그런 '가상 세계'가 만들어지는 것이 아닙니다. 그 가상 세계는 어디까지나 '실재'합니다. 무엇을 통해서냐고요? 바로 컴퓨터나 스마트폰과 같은 디지털 매체를 통해서죠.

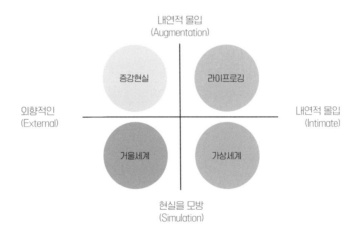

미국 ASF가 분류한 메타버스의 4가지 지표

그래서 앞에서도 말한 것처럼, 메타버스는 넓은 의미에서 인터넷을 기반으로 한 SNS, 커뮤니티, 게임 등에 모두 해당된다고도 할 수 있습니다. 실제로 미국의 기술 연구단체 ASF^Acceleration Studies Foundation는 메타버스를 증강현실AR, 라이프 로깅Life Logging, 거울 세계Mirror Worlds, 가상 세계Virtual World라는 네 가지의 지표로 구분하면서 우리가 일상적으로 사용하는 SNS나 구글어스 따위를 모두 메타버스의 범주에 포함시키고 있습니다.

하지만 단순히 메타버스가 '디지털 가상 세계'와 동일한 의미를 가진다면, 이토록 주목받을 이유는 없었겠지요. 좁은 의미에서의 메타버스는 조금 더 특별한 의미를 가집니다. 이 책에서 다루는, 지금부터 다룰, 그리고 여러분들이 흔히 생각하는 '메타버스'는 대개 좁은 의미의 메타버스입니다. 단순히 디지털 가상 세계 전반을 가리키는 것은 아니란 거죠.

이 좁은 의미의 메타버스는 네 가지의 차별화된 요소로 설명할 수 있습니다. '아바타Avatar'와 '오픈월드Open World', '샌드박스Sandbox' 그리고 '사회적 상호작용Social Interaction'이죠. 이것들은 모두 메타버스 연구자들이 공통적으로 지적하는 메타버스의 핵심 개념입니다. '모든 사람들이 아바타를 이용하여 사회, 경제, 문화적 활동을 하게 되는 가상의 세계(손강민)', '나를 대변하는 아바타가 생산적인 활동을 영위하는 새로운 디지털 지구(김상균, 신병호)'가 대표적이지요. 이 요소들의 정체가 무엇인지, 이것들을 통해 '메타버스'의 의미가 무엇일지 차근차근 살펴봅시다.

아바타를 빌려
새로운 세계로

아바타는 본래 '강림降臨'을 의미하는 산스크리트어 '아바따라avatara'에서 유래한 말로, '신이 다른 동물이나 인간, 물체의 형태로 지상 세계로 나타난 경우'를 가리키는 용어였습니다. 신이 직접 자신의 모습을 인간들에게 드러내기 어려우니, 다른 개체의 몸을 빌려 강림한다는 것이지요. 여기서의 '몸을 빌린다'는 개념은 오늘날의 아바타, 즉 '자신을 대표하여 온라인 공간 속에서 활용하는 형상'의 뜻으로 확장되었습니다.

3차원 그래픽 기술의 발달은 온라인상의 아바타를 현실과 유사한 피부색, 표정, 의복을 가질 수 있도록 만들었습니다. 이제 메타버스 속 아바타는 단순한 형상에 불과한 것이 아니라, 각각의 개인을 대리하는 고유의 실체가 되어가고 있습니다.

메타버스에 참여하려는 이들은 아바타의 몸을 빌려 그 곳으로 들어가고, 아바타의 손과 발을 이용하여 상호작용합니다. 메타버스에서 일어나는 멋진 연주에 박수를 보내고 싶다면, 실제 나의 손을 움직이지 않더라도, 메타버스 속 아바타로 하여금 박수를 치도록 할 수 있습니다. 비록 뼈와 살로 이루어진 몸이 아니라, 수많은 디지털 정보들의 다발이지만요.

신이 아바타를 통해 현실적인 어려움을 극복하고 지상세계로 강림한 것처럼, 아바타를 통해 메타버스 세계로 접속하는 행위 또한 그 사람으로 하여금 여러 가지 현실적 어려움을 극복할 수 있도록 도와줍니다. 평소 대인관계에 서툴렀던 사람도, 외모에 콤플렉스를 가지고 있던 사람도, 평소의 성적 지향이 실제 성별과 달라 고민했던 이들도, 자신이 원하는 형태의 아바타를 통해 그러한 난점들을 충분히 극복, 해결할 수 있는 것입니다.

자신의 아바타 사진을 들고 있는 학생들

그래서 아바타는 실제의 자신과 닮을 수도, 그렇지 않을 수도 있습니다. 가령 저의 경우, 긴 콧수염을 가진 중후한 남성의 아바타를 가지고 있습니다. 복장은 주로 양복을 입거나, 붉은색 망토를 두른 모습이지요. 이는 양복 입기를 좋아하는 현실의 저를 반영하면서도, 현실에서는 가지고 있지 않은 이상적인 모습(중후한 남성의 이미지)을 제 아바타에 투영한 것이랍니다. 자신의 개성을 얼마만큼 반영할 것이냐, 자신이 살아보지 못한 모습들을 얼마나 체험해볼 것이냐는 오로지 개개인의 판단에 달려있는 것입니다.

메타버스 세계에서 한 개인을 인식하고 대변하는 수단은 오직 아바타밖에 없기 때문에, 아바타는 그 주인이 창조하고 조종하는 '의존적 존재'임과 동시에, 메타버스 세계에서의 '고유한 지위를 가진 주체'이기도 합니다. 이런 모순점의 공존은 때때로 여러 가지 문제점을 낳기도 하지요. 이게 무슨 말이냐고요? 하나의 예시를 말씀드릴게요.

2020년 4월, 제가 운영했던 '메타버스 캠퍼스'에서 '첫 범죄'가 벌어졌습니다. 한 학생이 불법 프로그램을 이용하여 메타버스 속 질서를 교란한 것이었죠. 현실에서의 성적 조작, 주가 조작에 버금가는 일이었습니다. 저는 기존에 마련해두었던 규칙에 의거해 그 학생을 메타버스 캠퍼스에서 추방시켜버렸습니다. 그런데 어떤 일이 일어났을까요? 그 학생이 새로운 아바타로 다시 접속을 한 것입니다. 논리는 그랬습니다. '불법 프로그램을 사용하여 제재된 것은 나의 예전 아바타다. 나는 새로운 아바타를 만들었으니, 새로운 아바타는 새 삶을 살 수 있다.' 한 편으로는 말이 안 된다는 생각도 들겠지만, 모두가 아바타로 서로를 인식하는 세계 속에서, 이 논리를 타파하기란 여간 쉬운 일이 아니었습니다. 결국 어떻게든 마무리를 잘 했지만요. ♟

무궁무진한
오픈월드

단순히 자신의 아바타만 만들 수 있다고 메타버스가 되는 것은 아닙니다. 현재는 명실상부한 메타버스 플랫폼으로 기능하는 '제페토'도 아바타 꾸미기 기능만 존재했던 초기에는 결코 메타버스로 불리지 않았습니다.

중요한 것은 '그 아바타가 얼마나 자유롭게 가상의 세계를 체험할 수 있느냐'에 달려 있지요. 바로 '오픈월드' 개념입니다. 이 부분은 여타 유명한 게임들과 메타버스가 가지는 결정적 차이이기도 합니다. 메타버스의 근간이 게임에 있는 것은 분명하지만, 그 양자의 미묘한 차이를 몰랐다면, 이 '오픈월드'에 주목할 필요가 있습니다. 일반적인 게임들은 그것이 얼마나 방대한 세계관을 가지고 있든, 결국에는 정해진 루트대로 움직일 수밖에 없거든요. 정해진 범위 속에서 정해진 행동을 해야 하는 폐쇄적인 시스템인 거지요.

반면 오픈월드 개념을 장착한 메타버스는 그렇지 않습니다. 누구나 자신의 아바타로 자유롭게 세상을 뛰어놀 수 있습니다. 미리 프로그래밍 되어 있는 대로 움직이지 않고, 게임 제작사가 마련한 콘텐츠 외에도 자신만의 방식으로 새로운 이벤트Event를 발생시킬 수도 있습니다. 메타버스 속에서 여러 가지 행사가 개최되고, 경제적인 활동이 이루어질 수 있는 이유도, 모두 이러한 오픈월드라는 특성에서 기인한다고 봐도 좋겠죠.

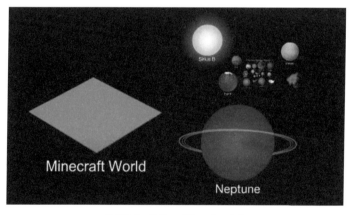

마인크래프트 월드 사이즈 비교 사진
Copyright © 2012 Cary and Michael Huang

뒤에서 자세히 다루겠지만, 메타버스 플랫폼 '마인크래프트'의 경우를 한 번 살펴볼까요? 마인크래프트 세계는 수많은 정육면체 블록으로 이루어져 있습니다. 레고 블록을 생각하면 이해가 쉬울 거예요. 마인크래프트 속 아바타의 키가 2블록에 살짝 못 미치니, 1블록의 크기는 가로 1m, 세로 1m, 즉 현실에서의 1㎡에 해당하는 셈인데요, 그런 셈법을 통해 마인크래프트 월드의 크기를 측정하면, 지구 크기의 약 7배에 해당한다는 수치가 나옵니다. 이토록 방대한 세계를 원하는 대로 탐험하고 방문할 수 있다는 것이 바로 오픈월드 개념이지요. 🪣

창의력을 뽐내는
샌드박스

메타버스에 대한 체감도가 부족한 분들은 여기까지 설명을 들어도 쉽게 감을 잡지 못하는 경우가 많습니다. 아바타도 이해했고, 오픈월드도 알겠는데, 그곳에서 과연 무엇을 한다는 건지, 아바타로 그 넓은 오픈월드를 왜 돌아다니는 건지. 그런 지루하고 비생산적인 일을 왜 하냐고 반문합니다.

맞습니다. 그저 아바타로 무한한 세계를 돌아다니기만 한다면, 거기서 친구 몇 명을 만난다고 해도 쉽게 질리고 말 겁니다. 그저 친구와 함께 세상을 구경하고 아바타를 뽐내는 정도의 재미만 있겠죠. 메타버스는 그것에서 그치지 않고, 무궁무진한 확장성을 가집니다. 이른바 '샌드박스Sandbox'라는 개념이죠. 샌드박스는 말 그대로 모래 상자를 의미합니다. 아이들이 작은 놀이터에서 모래성을 쌓는 이미지가 샌드박스 개념에 가장 부합한다고 할 수 있죠. 아이들은 모래 놀이터에서 큰 힘을 들이지 않고도, 저마다의 성과 막사를 만들어냅니다. 필요한 건 오직 창의력뿐이죠. 샌드박스는 이처럼 자유롭게 개개인이 가상 세계에서 새로운 것들을 만들 수 있다는 개념을 가리킵니다. 메타버스에서는 큰 힘을 들이지 않고도 각 개인이 지형을 변경하거나 건축을 하고, 새로운 물건들을 만들어낼 수 있습니다.

물론 샌드박스를 어디까지 실현할 수 있는지에 대해서는 플랫폼마다 차이가 있겠지만, 플랫폼 제공자의 생각과는 관계없이, 오로지 사용자들의 창의력에 의존한다는 점에서는 같습니다. 거기에다 적당한 코딩 실력과 디자인 툴을 다룰 수 있는 능력까지 겸비한다면, 더욱 멋있는 공간과 물건들을 자유롭게 만들어낼 수 있죠.

제페토와 구찌의 컬래버레이션
<출처 : 구찌 공식 홈페이지>

메타버스가 가지는 이러한 샌드박스적 특징 때문에, 메타버스는 경제적 활용이 가능하게 됩니다. 명품 브랜드가 메타버스 속에서 제품을 출시했다거나, 메타버스에 자신이 디자인한 옷을 팔아 떼돈을 벌었다는 이야기는 한 번쯤 들어보셨을 겁니다. 현실에서는 하나의 제품을 생산하기 위해 많은 과정들이 필요합니다. 밑천이 있어야 하고, 공장을 돌려야 합니다. 유통이나 홍보도 여간 쉬운 일이 아니죠. 메타버스는 현실보다 훨씬 저렴하고 쉽게 자신의 상상력과 창의력을 펼칠 수 있습니다.

핵심은
사회적 상호작용

　물론 메타버스가 '이 세상에 없던 혁신적인 무언가'는 분명 아닙니다. 이미 예전에 출시된 다양한 게임과 플랫폼에서 메타버스를 충분히 찾아볼 수 있거든요. 그럼에도 요 근래 메타버스가 큰 각광을 받게 된 것은 인터넷의 발달, 거기에다 코로나로 인한 비대면 문화의 확산이 큰 영향을 주었다고 할 수 있겠지요.

　흔히 코로나로 인해 인류의 생활에 엄청난 변화들이 올 것이라 얘기하지만 '함께 어울리고자 하는' 인간의 본성은 변하지 않습니다. 인간은 어디까지나 사회적 존재이고, 타인과의 상호작용을 통해 삶의 즐거움을 찾거든요. 지난 1~2년간의 경험에 비추어 보세요. 코로나로 인해 개개인 간의 모든 소통이 완전히 단절되었나요?

　아닙니다. 우리는 그 속에서도 끊임없이 타인과의 소통을 갈

구했고, 이는 디지털을 매개로 한 새로운 세상에 대한 수요로 이어졌습니다. 그것의 가장 이상적이고 궁극적인 형태로 주목받은 것이 바로 '메타버스'가 아닐까요?

그럼 아바타를 통한 메타버스 속 만남과 단순한 온라인 화상회의가 어떤 점에서 다를까요? 과연 메타버스가 더 이상적이고 궁극적인 형태라 할 수 있을까요? 실제로 저는 이런 질문을 종종 받았습니다. 결론부터 말하자면 전혀 다릅니다.

메타버스에는 화상회의가 따라올 수 없는 특별한 지점이 있습니다. 양자는 디지털을 매개로 '사회적 상호작용'을 충실히 구현한다는 점에서 비슷해 보이지만, 화상회의는 같은 공간에 있다는 '현장성'을 주지 못합니다. 이는 생각보다 매우 치명적인 요소지요. 화상회의의 한 장면을 떠올려볼까요? 저마다의 집에서 각자의 카메라를 통해 소통하는 모습은, 그야말로 '개별적'이고, '단편적인' 영상들을 부자연스럽게 모아둔 것만 같기도 합니다. 그저 각자의 공간을 억지로 붙여놨을 뿐, '당신과 내가 함께 있어요'라는 메시지를 주지 못한다는 의미입니다.

반면, 메타버스에서는 자신의 아바타를 통해 동시성과 현장성을 구현하고, 더 적극적인 상호작용을 이루어낼 수 있습니다. 앞서 말한 것처럼 박수를 치거나, 아바타의 손을 맞잡고 악수를 하는 것은 아무것도 아니지요.

여러분의 이해를 도울 수 있는 멋진 사례 하나를 소개할게요. 역시 메타버스 캠퍼스에서 찾은 사례입니다. 그 속에서 일어난 사회적 상호작용의 예시들은 굉장히 많고, 또 뒤에서 자세히 다루겠지만, 제일 먼저 이 대목에서 소개하고 싶은 것이 바로 '메타버스 속 연애'입니다.

커플티를 입고 데이트하는 두 학생

'아니, 메타버스에서 연애도 한다고?' 크게 놀라며 의심의 눈초리나 걱정과 염려의 마음들을 보내신다면 잠시 거두어도 좋겠습니다. 그저 철없이 모르는 사람을 온라인에서 만난 이야기는 아니고요, 실제 한 커플이 코로나로 인해 만나지 못하는 상황 속에서 메타버스 데이트를 즐긴 일입니다.

이즈미 학생과 토토로 학생이 그 주인공이죠. 사연인즉슨, 남자친구 토토로가 교환학생으로 해외에 가 있었는데, 코로나로 교통편이 끊겨 일시적으로 만날 수 없는 사이가 되어버렸다고 합니다. 화상 통화로 얼굴과 목소리는 마주할 수 있지만, 같이 공동의 장소에서, 공동의 경험을 나눈다는 느낌을 받긴 어려웠다지요. 그렇게 이즈미와 토토로는 나란히 저희 메타버스 캠퍼스를 찾았습니다. 함께 들어온 첫날부터 커플티를 입고 붙어 다니더니, 여러 명소들을 구경하며 데이트를 하곤 했습니다. 함께 사는 집을 지어 친구들을 초대하거나, 둘만의 추억이 담긴 풍경을 함께 벽화로 남긴 것도 인상적이었지요.

이렇듯 메타버스는 타인과 만나고, 소통하며, 적극적인 상호작용을 이루어내는 공간입니다. 그저 혼자 오픈된 세계를 돌아다닌다고 해서, 그곳에서 창의적인 무언가를 만들어낸다고 해서, 그것이 메타버스가 될 수는 없습니다. 이런 적극적인 상호작용이 더 확대되어 그 곳에서 또 새로운 만남을 주도하고, 현실 이상의 성과들을 일구어낸다면 더할 나위 없는, 멋진 메타버스가 되지 않을까요?

메타버스
플랫폼 소개

　그럼, 이러한 특징을 가진 대표적인 메타버스 플랫폼은 어떤 것들이 있을까요? 이 책에서는 주로 마인크래프트에 대한 내용을 다룰 것이지만, 그렇다고 다른 우수한 플랫폼들을 외면할 필요는 없지요. 이것은 우열의 문제가 아니거든요. 각 플랫폼들은 각기 다른 특성을 가지고 있기에, 각각의 장단점을 가질 뿐입니다. 그저 자신의 목적과 상황에 맞추어 가장 적절한 플랫폼을 선택하기만 하면 되는 문제입니다.

세컨드라이프Second Life

2003년도에 출시된 세컨드라이프는 현재 각광받는 메타버스 플랫폼들의 시조격이라 할 수 있습니다. '메타버스'라는 용어의 유래가 된 소설 '스노우 크래시'를 읽고 영감을 받은 필립 로즈데일에 의해 개발되었죠. 아바타를 통해 새로운 세상에서의 '두 번째 삶'을 살아간다는 콘셉트는 당시로서도 꽤나 혁신적인 것이었고, 지금의 여타 플랫폼들이 여전히 표방하고 있는 목표이기도 합니다. IBM은 세컨드라이프에 100만 달러를 투자할 정도로 큰 관심을 보였고, 로즈데일은 2006년 〈타임〉지가 선정한 가장 영향력 있는 100인에 오르기도 했습니다.

2007년경이었나요? 저도 꽤 어린 나이에 뉴스를 보고 세컨드라이프를 설치해 보았던 기억이 있는데요, 세컨드라이프를 통해 거금의 돈을 벌었다거나, 연극을 상영하고, 선거 캠프를 차렸다는 해외 발 소식은 어린 저에게도 굉장히 매력적으로 들려왔습니다. 특히 당시에는 '세라 코리아'라는 이름의 한국 법인까지 진출한 상태였으니, 접속에 큰 불편을 느끼지도 않았습니다.

다만 문제가 있었다면, 세컨드라이프는 미성년자의 접속을 허용하지 않았다는 거죠. 결국 설치만 하고 접속은 하지 못했던 기억이 있습니다. 이렇게 전 세계적인 관심을 받고, 그에 힘입어 한국까지 진출했던 세컨드라이프였지만, 세상은 끝내 세컨드라이프를 '성공하지 못한 메타버스'로 평가합니다. 예상만큼 흥행하지 못했다는 것이지요.

세컨드라이프가 성공하지 못했던 이유는 크게 세 가지입니다. 첫째는, 세컨드라이프가 구축한 메타버스 환경은 고성능 컴퓨터를 필요로 했다는 점입니다. 당시 일반적으로 보급된 하드웨어 성능보다 높은 사양을 요구하고 있었죠. 저사양으로도 접속은 할 수 있었지만, 세컨드라이프 내의 모든 콘텐츠를 누리기에는 한계가 있었습니다. 만약 세컨드라이프가 지금 출시되었다면, 사양 문제는 크게 겪지 않았을 겁니다. 그만큼 비약적으로 하드웨어 성능이 발전했으니까요.

둘째는, 앞서 말씀드린 것처럼 성인만 접속할 수 있는 플랫폼이었다는 점입니다. 트렌드를 선도하는 10대의 영향력을 배제하고 말았으니, 미래지향적인 메타버스를 구축하는 것은 불가능한 일이었습니다.

마지막으로, 세컨드라이프는 무료인데다가 한 사람이 여러 아바타를 쉽게 만들 수 있다는 점이었습니다. 실제 회원 수와 이용자 수의 차이가 생겼을 뿐 아니라, 이러한 점을 악용해 메타버스 내 범죄 행위를 일으키는 악성 유저들도 많았습니다. 그런 일들이 반복해서 일어나자 세컨드라이프에 대해 회의감을 느끼고 떠나는 이들도 많아졌죠.

결국 세컨드라이프는 '하는 사람들만 하는' 작은 플랫폼으로 전락하고 말았고, 한국을 비롯한 영국, 싱가포르 등의 해외 지사를 철수하게 됩니다. 로즈데일도 이내 CEO 자리에서 물러났죠. 이런 세컨드라이프의 실패는 앞으로의 메타버스 세상에 무엇이 필요하고, 어떤 것이 지양되어야 하는지를 잘 보여주는 반면교사라 할 수 있을 것입니다.

제페토ZEPETO

제페토 플레이 화면

흔히 국내에서 메타버스를 이야기할 때, 빠지지 않고 등장하는 플랫폼이 바로 제페토입니다. 제페토는 SNOW에서 개발한 모바일 어플리케이션인데요, SNOW는 아시다시피 동명의 카메라 어플리케이션 스노우를 개발한 회사입니다. 스노우는 각 사용자의 얼굴을 자동으로 인식하여, 뷰티 효과나 재미있고 기발한 이미지를 합성해주는 서비스를 제공하고 있습니다. 이러한 시스템을 '개개인의 아바타를 만들어주는 시스템'으로 전환한 것이 바로 제페토의 시작이라고 할 수 있지요.

실제로 제페토를 처음 설치하면, 사용자의 얼굴을 자동으로 인식해 비슷한 모습의 아바타를 만들어 줍니다. 물론 그것을 기반으로 원하는 요소를 추가하거나 제거하는 식의 커스터마이징을 하는 것도 가능하지요. 이러한 태생적 바탕 때문에 초기 제페토는 그저 아바타를 꾸미는 용도로만 사용하는 어플리케이션에 불과했습니다. 오픈월드 따위가 없었기에 메타버스라 불리기 힘든 상황이었죠.

하지만 제페토에 '월드'라는 개념이 등장하면서 모든 게 바뀌었습니다. 각 사용자들은 자신이 꾸민 아바타로, 원하는 월드에 접속해 친구를 만나고, 사진을 찍거나 춤을 추는 등의 다양한 상호작용을 할 수 있게 되었죠. 그저 혼자서 아바타를 꾸민다면 자기만족에 불과하겠지만, 타인과의 만남을 전제로 하게 된다면 그 양상이 바뀔 수밖에 없습니다.

사용자들은 더욱 화려한 의상과 헤어스타일, 액세서리를 찾게되었지요. 그런 이들을 위해 제페토는 직접 옷을 제작할 수 있는 '제페토 스튜디오' 기능까지 선보였습니다. 이는 누구나 자신이 원하는 상품을 만들어 판매하고, 수익을 올릴 수 있게 되는 하나의 경제 생태계를 만든 것이었고, 메타버스가 가지는 샌드박스적 특징을 가장 잘 보여주는 것이기도 합니다.

제페토가 10대를 중심으로 큰 인기를 끌게 되자, 여러 글로벌 기업과 엔터테인먼트 회사들도 하나 같이 제페토와의 컬래버레이션에 뛰어들게 됩니다. 코로나로 인한 비대면 소통의 활성화와 새로운 소비층으로 떠오르는 10대를 겨냥한 새로운 마케팅 수단을 고심한 결과였겠죠. 2020년 9월 진행된 블랙핑크의 제페토 가상 팬사인회에 4500만 명 이상이 다녀간 것은 그 인기와 파워를 실감할 수 있는 부분입니다.

주요 메타버스 플랫폼 가운데 제페토가 갖는 특징과 장점은 강력한 아바타 기능과 내부 SNS 서비스를 제공한다는 점입니다. 제페토는 서비스 곳곳에서 아바타를 단순한 '사용자의 대리자'가 아닌, 사용자 그 자체로 여기게 만듭니다. 실제 현실에서 감성 있는 카페를 방문하고, 예쁜 셀카를 찍어 SNS에 업로드하듯 동일한 경험을 아바타를 통해 체험할 수 있는 것입니다.

실제 제페토에서는 메타버스 내 벚꽃을 구경하고 아바타 셀카를 찍어 올리는 식의 SNS 활동이 활발히 이루어지고 있습니다. 물론 예쁜 자신(아바타)의 셀카를 찍기 위해서는 현실처럼 개성 있는 옷과 모션들이 필요하겠지요.

이 SNS라는 것도 어디까지나 제페토 월드에만 존재하는 것이지만, 현실 기반의 SNS와 마찬가지로 '좋아요'수와 태그 기능까지 완벽히 제공됩니다. 많은 '좋아요'를 받은 사용자는 실제 인플루언서 이상의 인기를 그곳에서 누리게 되죠. 그런 인플루언서들의 복장을 따라하거나, 그들이 방문한 명소를 찾는 행위도 일상적으로 일어납니다. 그런 상황이니, 유명 패션 업계들이 주목하지 않는 것이 더 이상하지요.

이프랜드ifland

SKT가 개발한 이프랜드는 가장 최근에 출시된 메타버스 플랫폼입니다. 그렇다고 해서 완전한 신규 서비스는 또 아니지요. 2020년에 개발된 '점프 버츄얼 밋업(구 점프 VR)'을 기반으로 대대적인 수정과 업데이트 작업을 거쳐 만들어진 플랫폼이거든요. 점프 VR은 5G기술의 발전과 VR(가상현실) 및 AR(증강현실)에 대한 수요에 발맞추어 개발되었습니다. 신기술에 대한 사람들의 기대와 염원을 가장 적절하게 포착해냈던 것이지요.

이프랜드의 특징은 강의나 발표회, 영화 상영을 비롯한 여러 행사를 하기에 매우 적합한 플랫폼이라는 것입니다. 아예 그런 수요들을 겨냥해서 만들어진 것 같기도 합니다. 파워포인트나 동영상 등을 메타버스 속으로 쉽게 불러올 수 있을 뿐 아니라, 유저

인터페이스 또한 간결하게 구축되어 있습니다. 이를 통해 이프랜드가 '사회적 상호작용'에 굉장히 큰 비중을 두고 있음을 알 수 있죠. 실제로 전진수 SKT 메타버스컴퍼니장은 '북토크, 심야 상영회, 버스킹 공연, 프러포즈까지 진행할 수 있다'며 다양한 활용 가능성에 대한 자신감을 내비치었습니다. 거기에 호응이라도 하듯여러 기업과 대학, 관공서에서도 이프랜드를 활용한 메타버스 행사를 많이 진행하는 추세입니다.

대구한의대학교가 이프랜드로 진행한 입시설명회
<출처 : 대구한의대학교 사회복지학과 조교 지련 제공>

그러나 아직까지는 제페토나 로블록스, 마인크래프트와 같은 타 플랫폼과 비교했을 때 미비한 지점들도 많습니다. 연내에 마켓 시스템을 마련하고 다양한 업데이트와 행사를 통해 기술적 보완을 이어가겠다고 하니, 앞으로의 미래가 더욱 기대된다고 할 수 있겠습니다.

로블록스ROBLOX

로블록스는 사용자가 직접 게임을 만들고 즐길 수 있도록 만들어진 플랫폼입니다. 로블록스 이용자는 직접 창작자가 되어 게임 콘텐츠를 생산할 수 있습니다. 그저 게임을 수동적으로 '플레이'하기만 했던 기존의 게임 문화를 완전히 뒤집어 버린 것이죠. 마치 유튜브에 자신이 원하는 영상을 제작해 올리는 것을 떠올리면 이해가 쉽습니다.

로블록스 공식 홈페이지

유튜브가 '유튜브 스튜디오' 기능을 제공하듯, 로블록스는 '로블록스 스튜디오'라는 별도의 스튜디오 프로그램을 제공합니다. 잘만 이용하면 '로벅스'라는 화폐를 통해 돈을 벌 수 있다는 점도 유튜브와 유사합니다. 실제 경제와 연동되는 지점이지요. 그렇게 만들어진 플랫폼 내 게임의 수는 2000만 개를 훌쩍 넘겼다고 합니다. 매월 2억 5000만 원 이상의 거래가 이루어지는 로블록스는 2021년 3월, 뉴욕증시에 상장하며 52조 원의 기업 가치를 인정받았습니다.

물론 이용자들이 게임만을 만드는 것은 아닙니다. 로블록스 스튜디오를 통해 무한한 공간을 만들고, 그곳에서 대화를 나누거나 생일파티, 낚시 대회 등 다양한 이벤트를 열어 서로 간의 친목을 다지기도 하죠. 일종의 확장된 SNS 공간이 되는 셈입니다.

메타버스는
진짜일까?

메타버스에 대한 이야기를 여러 사람들과 나누다 보면, 이에 부정적인 관점을 지닌 분들도 종종 만나곤 합니다. 메타버스가 허상에 가까운 개념이라거나, 투자를 받기 위해 만들어진, 아무런 효용 가치가 없는 것에 불과하다는 식이죠. 1년이 넘도록 메타버스 캠퍼스의 가치와 가능성을 몸소 체험한 저희들로서는 의심의 여지가 없는 것들이었지만, 그런 분들을 '경험'이 아닌 '논리'로 설득하는 것은 또 다른 문제였습니다. '정말로 좋은데, 해보면 아는데, 어떻게 설명할 방법이 없다'는 어느 광고 카피 문구와 같이 안타까운 심정이었죠. 여기서 꾸준히 고민한 결과와 그 내용들을 조금 풀어드릴까 합니다.

1985년, 애플을 세계적인 기업의 반열로 올려놓은 29세 청년 사업가 스티브 잡스는 '플레이보이'와의 인터뷰에서 이런 발언을 합니다. '각 개인이 집에서 컴퓨터를 재미나 취미를 위해 사용하는 세상이 올 것이고, 모든 사람은 컴퓨터를 통해 연결될 것이다.' 당시의 컴퓨터는 회사나 학교의 전산 업무를 위해 사용하는 지극히 제한적이고, 또 값비싼 물건이었습니다. 지금처럼 누구나 '개인용 컴퓨터PC'를 가지게 되고, 그것을 업무가 아닌 개인적인 용도로 사용하는 것은 상상하기 어려운 시절이었죠. 특히나 그 컴퓨터를 통해 모두가 연결된다는 발상은 정말 허무맹랑한 것이었습니다. 사람들은 잡스의 말을 그저 포부 있고 야망 있는 청년 사업가의 허풍 정도로 받아들였을 것입니다.

하지만 30년이 지난 지금은 어떤가요? 누구나 주머니에 컴퓨터 한 대씩을 들고 다니고, 걸어 다니며 인터넷 메신저를 사용하는 세상이 되었습니다. 그의 '예언'이 정확하게 적중한 셈이죠.

스티브 잡스의 천재성을 보여주는 이 일화에는 사실 큰 반전이 있습니다. 당시 잡스의 발언은 컴퓨터에 관심 있는 사람들이라면 쉽게 예측할만한 것이었다는 점입니다. 당시에도 이미 컴퓨터를 개인용으로 사용하는 사람들이 드물게나마 있었고, 인터넷 네트워크에 대한 기초적인 설계들은 이미 60년대부터 이루어져 왔거든요. 월드와이드웹이 탄생한 것 또한 1989년이니, 잡스의 인터뷰 시기와 그리 멀지 않음을 알 수 있습니다.

하지만 적어도, 컴퓨터에 대해 관심이 없는 다수의 사람들에게 있어 잡스의 이러한 발언은 '마법과도 같은 일'이었을지 모릅니다. 우리는 거기에 의미를 둘 필요가 있겠죠. '메타버스'에 대한 대중의 관심도 이 스티브 잡스의 일화와 유사한 지점이 있다고 생각합니다. 컴퓨터 산업계와 게임 업계를 비롯하여 이전부터 가상 세계에 대해 주목하는 전문가들은 꽤 있어왔습니다. 그런 관심을 반영한 소설이나 영화도 헤아릴 수 없을 만큼 많았고요. '메타버스'라는 용어를 폭넓게 사용하지 않았을 뿐, 보고 말하는 지점들은 모두 비슷했죠. 이것이 대중에게까지 확산되어 전 방위적인 관심을 갖게 된 것이 지금의 상황이라 할 수 있습니다.

아직은 기초적인 수준의 메타버스에 불과하다지만, '우리의 모든 오감을 활용하여 메타버스 아바타와 일체되는 식'의 이상적 메타버스도 몇십 년 내에 출몰할지 모르는 노릇입니다. 메타버스에 별 관심이 없는 사람들 눈에는 터무니없는 '마법과도 같은 일'로 비춰지겠지만요.

간혹, 메타버스에서 일어나는 사회적 상호작용에 의심의 눈초리를 거두지 못하는 분도 계셨습니다. '중요한 건 현실에서의 삶이지, 메타버스 속 가짜 삶이 아니다'라고 말이죠. 그런 곳에서 만들어진 인간관계는 굉장히 가볍고, 또 일시적일 것이라는 편견에도 사로잡혀 있었습니다.

물론 우리는 현실을 삽니다. 하지만 메타버스에는 또 다른 현실이 있습니다. 메타버스 또한 우리가 발 딛고 있는 세상을 통해 기능하지만, 그 둘은 결코 종속관계거나 서로 우열을 가릴 수 있는 대상이 될 수 없습니다. 각각의 고유한 가치가 있고, 그 모두 소중하기 때문입니다. 어쩌면 메타버스 속 세계는 현실의 불합리와 불완전함을 극복할 수 있다는 점에서 한층 매력적이기까지 하죠.

저는 대학원생으로 살아가는 현실의 모습만큼이나, 거대한 메타버스 캠퍼스의 총장으로 살아가는 또 다른 삶에서도 큰 행복을 느낍니다. 염려도 될 겁니다. 메타버스 속 세상에 빠져 발딛고 있는 현실에 소홀하면 어떡하냐고요. 그러다가 '은둔형 외톨이'가 될지도 모른다고요. '게임 중독'이라는 용어처럼 '메타버스 중독'이 큰 이슈거리가 되는 날이 올지도 모르는 일입니다.

하지만 메타버스를 통해 교육이 이뤄지고, 거대한 경제 시스템이 운영되고, 그 규모와 양상이 커지고 넓어질수록, 우리는 그 새로운 세계에서의 삶이 더 소중해질 수도 있다는, 지금으로서는 불편한 사실을 인정해야 할지도 모릅니다. 기존의 관점과 틀만으로는 새로운 세상을 꿈꾸고 이해할 수 없습니다. 앞으로 펼쳐질 메타버스의 미래가 우리 인류가 몇천 년간 일구어 온 패러다임을 완전히 바꿔버릴지도 모르는 일이거든요.

하틀리L. P. Hartley의 소설 『중개인(1953)』에는 '과거는 외국이다. 그들은 그곳에서 다르게 산다'라는 문장이 나옵니다, 지금의 기준으로 과거의 사건을 재단해선 안 된다는 뜻이지요. 이것을 반대로 읽으면, 미래에 관해서도 똑같은 말을 할 수 있을 겁니다. 다가올 미래도 지금의 기준으로는 굉장히 낯선, '외국'일 수밖에 없습니다. 그곳에 사는 우리의 후손들은 무궁무진한 메타버스 세계를 통해 완전히 다른 삶을 향유할지도 모릅니다. 다만 우리는 그때를 준비하는 것이지요.

미래 사회에
필요한 가치

청와대 공식 유튜브 영상 중 캡처

2020년, 코로나19의 여파로 매년 5월 5일에 진행되었던 '어린이날 청와대 초청 행사'가 큰 위기를 맞았습니다. 그런데, 예년처럼 원활히 진행되기 어려워 보였던 이 행사가 뜻밖에도 전레 없는 성공을 거두었지요. 언론의 대대적인 주목은 물론이고, 종일 주요 포털사이트 인기검색어에 오르내리며 큰 관심과 화제를 불러일으켰습니다. 방역 수칙을 잘 지키며 안전한 행사를 열었기 때문일까요? 아니면 온라인 화상 행사라도 개최했던 것일까요?

청와대는 새로운 도전을 했습니다. 덕분에 예년보다 훨씬 많은 수의 어린이들이 청와대에 다녀올 수 있게 되었지요. 실제로 그 어떤 어린이도 직접 청와대에 가지 못했음에도 말이죠. 아니, 그게 말이 되냐고요? 이 말도 안 되는 역설의 중심에는 다름 아닌 메타버스 플랫폼 '마인크래프트'가 있었습니다.

마인크래프트로 구축된 메타버스 안에 청와대 구석구석을 구현한 것입니다. 대통령의 집무실은 물론이고, 공식 행사가 열리는 영빈관, 퍼스트독과 퍼스트캣인 마루와 찡찡이도 등장했습니다. 정은경 질병관리본부장의 브리핑, 코로나19에 관한 방역 현장도 똑같이 재연되는 등 시국에 알맞은 묘사로도 큰 화제가 되었지요. 그 화제를 증명하기라도 하듯, 마인크래프트 속 청와대를 체험하는 영상의 조회 수는 약 100만 회를 웃돌았습니다. 많은 언론과 커뮤니티에서도 이에 주목하며 영상과 자료를 퍼다 나르기에 바빴다지요.

코로나 정국 속에서 마인크래프트가 더욱 큰 힘을 발휘한 것은 국내에만 한정된 일이 아니었습니다. 앞서 폴란드 정부는 학생들의 개학을 미루는 대신, 학생들이 온라인에서 창의적인 역량을 마음껏 드러낼 수 있도록 정부 주도의 마인크래프트 서버를 열었습니다. 폴란드 정부가 만든 서버는 역사 퀴즈, 논리 퍼즐과 같은 교육적인 콘텐츠들로 채워졌습니다. 학교에 가지 않아도 친구들과 만나 협동하며 다양한 교육적 콘텐츠들을 누릴 수 있는 것이죠. 코로나 사태로 인해 미루어진 졸업식과 직원 채용을 마인크래프트에서 실시했다는 일본발 소식도 들려옵니다. 도대체 마인크래프트가 무엇이길래, 코로나 바이러스라는 전대미문의 재앙 속에서 이렇게 큰 힘을 발휘할 수 있는 것일까요?

뉴욕타임즈 2016년 4월 14일자 칼럼 면에는 다음과 같은 제목의 기사가 실렸습니다. 'The Minecraft Generation(마인크래프트 세대)' 기사는 마인크래프트를 플레이하며 자란 지금의 세대를 조명하고, 마인크래프트를 하나의 문화적 현상이자 훌륭한 교육적 모델로 평가하고 있습니다. 기사의 제목은 '마인크래프트를 접하지 않았던 이전의 세대와 일상적으로 마인크래프트를 플레이하는 지금의 세대 간에는 결정적인 차이가 있다'는 암시를 주고 있습니다. 그게 무엇일까요?

본래 마인크래프트는 스웨덴의 소규모 게임 업체인 Mojang이 개발한 게임입니다. 불과 40여 명의 직원으로 돌아가던 이 작은 게임 회사는 마인크래프트의 대성공으로 게임 업계의 새로운 신화를 만들었습니다. 윈도우즈 OS, MS오피스로 유명한 마이크로소프트가 25억 달러(약 2조 5000억 원)로 이 회사를 인수하면서 그 신화는 절정에 다다랐죠. 오직 마인크래프트의 성장 가능성에 주목한 결정이었습니다.

마이크로소프트의 현 CEO인 사티아 나델라Satya Nadella의 언급을 보면, 그들이 마인크래프트에서 발견해낸 가능성과 마인크래프트 세대가 지닌 결정적 차이를 읽어낼 수 있습니다. '저는 마인크래프트 세대로부터 영감을 받았습니다. 그들은 스스로를 게임 속 플레이어가 아닌, 자신이 꿈꾸는 새로운 세상을 만들어가는 크리에이터Creator로서 바라보고 있습니다.'

사티아 나델라, MS CEO
<출처 : wikipedia>

시대는 분명히 바뀌었습니다. 인공지능 기술의 발달과 1인 미디어 시대의 도래는 지금까지 인류가 경험하지 못한 새로운

문명사의 한 장을 열고 있습니다. 미래학자 3000여 명의 의견을 취합해 만든 〈유엔 미래 보고서 2025〉에 따르면 현존하는 직업 가운데 약 80%가 미래에는 사라지거나 다른 형태로 변화할 것이라고 합니다. 현재 우리가 안정적이고 유망한 직종이라 여기는 의사, 변호사, 군인 등의 직업이 모두 여기에 해당하죠. 반면에 해당 보고서는 '인공지능 전문가', '증강현실 전문가', '글로벌 자원관리자'와 같은 생소한 직업들이 향후 미래 사회에 각광을 받게 될 것이라 추정합니다. 국내외 많은 전문가들도 비슷한 이야기를 하고 있습니다.

일례로 빅데이터 전문가로 유명한 송길영 바이브컴퍼니 부사장은 한 언론과의 인터뷰에서 "지금 사교육의 목적은 좋은 대학에 보내 좋은 직장 잡게 하려는 것이다. 그러나 '사교육→명문대→대기업/공무원→은퇴=성공한 삶'이라는 공식이 깨지고 있다. 기술 변화 속도가 전보다 훨씬 빠르고 인간 수명이 늘기 때문이다. 부모 세대의 금과옥조였던 '평생직장'이 없어지고, 대학 4년간 배운 전공 하나로 30년씩 회사에 다니며 먹고사는 시대가 끝난다."라고 말한 바 있습니다.

그저 공부만을 열심히 해서 좋은 대학을 가고, 좋은 직장에 다녀야만 '성공'으로 이어지는 '성공 방정식'이 더 이상은 통하지 않는다는 것입니다. 그런 면에서 "한국은 산업화 시대에나 필요한 교육을 하고 있다."라는 미래학자 앨빈 토플러의 일갈은 매우 적확한 지적일 것입니다.

이렇게 변화하는 불확실성의 시대 속에서 우리에게 앞으로 필요한 능력, 즉 미래 사회가 요구하는 가치가 '창의성'에 있다는 데에 이의를 제기할 사람은 많지 않을 것입니다. 전통적인 사고패턴에서 이탈하여 새로운 대안을 만들어내고, 기존과는 다른 참신한 아이디어를 제시하는 것만이 이 변화 속에서 살아남는 길이니까요. 실제로 특별한 기술 없이도 창의적인 콘텐츠를 설계하여 성공을 누리는 이들이 현재에도 적지 않습니다. 불과 몇십 년 전까지만 해도 생각하지 못했을 삶의 방식이지요.

나델라는 샌드박스적 특성을 가진 메타버스인 마인크래프트야말로 그런 창의성의 선봉에 있다고 확신하는 것 같습니다. 마인크래프트를 하며 자란 세대들은 단순히 자신들을 '게임 플레이어'로 여기는 것이 아니라, '새로운 세상의 창조자'로 여긴다고 말이죠. 즉 미래사회가 요구하는 '창의성'을 가진 인재로 성장하고 있다는 것입니다. 그래서 도대체 마인크래프트가 어떤 플랫폼이냐고요? 이제, 차근차근 말씀드릴게요.

마인크래프트,
온라인계의 레고

1932년, 목수 출신의 올레 키르크 크리스티얀센Kirk Christiansen
이 만든 이것은 세계에서 가장 유명한 장난감이자, 덴마크를 대
표하는 품목 중 하나가 되었습니다. 이 장난감의 이름이 '재미
있게 놀다'라는 뜻의 덴마크어 'Leg Godt'에서 유래했다는 사실
을 들으신다면, 바로 감이 오시리라 생각합니다. 맞습니다. 바로
'레고Lego'입니다. 단순한 블록의 조합만으로 무궁무진한 작품
을 탄생시킬 수 있는 이 장난감은 매년 4억 명 이상의 어린이들
이 약 50억 시간을 가지고 논다고 합니다. 그렇다고 레고가 어
린이들만의 전유물인 것은 또 아닙니다. 전 세계 연간 레고 세트
의 판매량 중 18~20%를 성인 소비층이 담당하고 있다는 통계
를 본다면, 전 연령층에서 레고가 가지는 위상과 인기는 부연 설
명이 필요 없겠지요.

무척이나 단순하게 보이는 이 블록 장난감의 성공 비결이 문득 궁금해집니다. 평소 레고를 즐기지 않는 분이라면 유년 시절의 오랜 감각들을 한 번 떠올려볼까요? 혹은 자녀나 친척 조카, 친구들의 모습을 생각해 봅시다. 박스를 열자마자 우르르 쏟아지는 각양각색의 블록들, 그림 설명은 제쳐두더라도 여러 블록들이 자신의 손에서 조합되어 무언가 만들어진다는 그 쾌감. 맞습니다.

레고는 이미 완성된 완제품을 제공하지 않습니다. 수많은 가능성 속에서 스스로 조립하고 분해할 수 있도록 도울 뿐이지요. 설명서를 벗어나 자신만의 작품을 만드는 것에도 아무런 제약이 없습니다. 때로는 그 작품에 다양한 허구의 서사들이 담기기도 합니다. 단순한 만화 캐릭터에서 시작한 레고는 화려한 저택, 광활한 서부, 무한한 우주세계로까지 확장됩니다. 스스로의 내면세계가 레고를 통해 비로소 구현되는 것이지요.

'소피의 세계'라는 철학 소설로 유명한 요슈타인 가아더 Jostein Gaarder는 레고의 이러한 특징을 지적하며, 레고를 단순한 장난감이 아닌 '철학'의 반열에 올려 버립니다. 무형의 세계를 구체화한다는 점에서 장난감의 수준을 훨씬 뛰어넘는다는 것이지요.

마인크래프트를 소재로 한 레고
<출처 : 레고 공식 온라인 몰 '타이가 모험 21162'>

그런데 분명히 마인크래프트에 대한 이야기를 하다가 왜 갑자기 레고에 대한 이야기를 장황하게 늘여놓는지 궁금하신 독자분들이 많으시리라 생각합니다. 바로 레고와 마인크래프트가 대단히 유사한 특징들을 공유하고 있기 때문입니다. 제가 흔히 마인크래프트를 설명하기 위해 쓰는 표현이 바로 '온라인 레고'거든요.

가장 결정적인 유사점은 여러 블록들을 조합하여 새로운 창조물을 만들어낼 수 있다는 점일 것입니다. 레고로 만들어낼 수 있는 수많은 작품과 세계들은 마인크래프트 내에서 더 완벽하고 창의적인 형태로 재창조될 수 있습니다. 모니터 화면 속에서 이루어지는 만큼 물리적인 한계를 아득히 뛰어넘었거든요.

어떻게 보면 마인크래프트는 레고의 장점과 특징을 가장 현대적으로 계승하고 있는 플랫폼입니다. 지금도 온라인상에는 마인크래프트로 만들어진 수많은 작품들과 세계들이 공유되고 있습니다. 또 그러한 작품을 기반으로 한 수많은 콘텐츠도 양산되고 있지요. 1인 미디어 플랫폼들도 여기에 큰 몫을 하고 있습니다. 앞서 이야기했던 청와대의 경우도 하나의 좋은 예시일 것입니다. 청와대 건물을 내려 받아 자신이 원하는 방식으로 바꾸기도 하고, 친구들과 함께 청와대를 활용한 활동들을 할 수도 있습니다. 이를 유튜브 등에 공유하는 것은 더욱 멋진 일이고요. 물질에 기반하지 않는 무한 복제와 공유, 원거리 소통은 분명히 레고가 가지지 못하는 마인크래프트만의 특별한 매력 요소입니다.

실제 레고 또한 이 '온라인 레고'의 인기를 실감했는지 마인크래프트를 모티브로 한 레고 시리즈를 꾸준히 출시하고 있습니다. 이 시리즈는 레고를 즐기는 수많은 이들의 요청으로 2015년부터 정식 발매되기 시작했다고 하네요. 그만큼 레고와 마인크래프트의 유사점이 크고, 둘을 함께 즐기는 층이 제법 있다는 방증이 아닐까요?

레고社는 마인크래프트 시리즈 레고에만 특별한 프린팅 브릭을 제공하는 등 여러모로 신경을 쓰고 있다고 합니다. 동질의식을 느꼈기 때문일지, 경쟁의식을 느껴서일지는 알 수가 없지만요. 아 참, 저도 가아더의 말을 빌려 이 말은 꼭 하고 싶더라고요. '마인크래프트는 단순한 게임이 아니라, 철학'이라고 말입니다.

마인크래프트의
주요 특성

하지만 이렇게 장황한 이야기를 들어서는 '마인크래프트'에 대한 개념 지도가 제대로 그려질 리 없습니다. 이제 본격적으로 마인크래프트가 어떤 특성들을 가지고 있는지, 특히 메타버스로서의 마인크래프트가 지닌 장점들을 차근차근 설명해드릴까 합니다.

현실과 유사한 자연 세계

마인크래프트는 메타버스의 오픈월드적 특성과 샌드박스적 특성을 가장 충실히 구현하고 있는 플랫폼이라 할 수 있습니다. 특히 월드의 무궁무진함은 말로 이루 표현할 수가 없죠. 마인크래프트가 제공하는 세계의 크기는 지구 총 면적의 약 7배에 해당한다고 합니다. 그 규모가 상상이나 가시나요?

마인크래프트의 일출

　누구나 처음 마인크래프트 세계에 접속하면, '야생 그대로의 자연'을 마주하게 됩니다. 마인크래프트의 생물군계, 기후, 지형은 실제 지구 환경과 매우 유사합니다. 일출과 일몰 등 현실의 천체 운동과 유사한 배경을 가지고 있을 뿐 아니라, 다양한 물리 법칙도 대부분 통용되죠.(단, 중력의 법칙은 종종 무시되곤 합니다.) 그래서 씨앗을 심어 농사를 짓거나, 부싯돌을 모아 불을 피우는 행위가 현실처럼 이루어질 수 있습니다. 이 때문일까요? 마인크래프트를 활용한 화학 교육이나 역사 교육도 널리 행해지고 있죠. 일종의 모의 시뮬레이션이 가능한 셈입니다.

정육면체 블록으로 이루어진 세계

마인크래프트의 블록들
<출처 : 마인크래프트 공식 홈페이지>

그 넓디넓은 마인크래프트 세계는 수많은 정육면체 블록으로 이루어져 있습니다. 흙, 나무, 돌, 모래, 유리... 약 800종류에 육박하는 블록 모두가 정육면체 형태를 띠고 있지요. 앞서 말씀드린 '온라인계의 레고'라는 표현을 상기해 보면 이해가 되실 텐데요, 레고는 각각의 블록들이 그 크기나 모양이 제각각이지만, 마인크래프트는 정육면체 블록밖에 없다는 점이 흥미롭습니다. 그래서 삼각형이나 원 모양의 섬세한 표현이 어렵지요. 같은 3D기반의 제페토나 이프랜드 등과 비교하면, 굉장히 후진적인 그래픽처럼 보여지기도 합니다. 하지만 오히려 그 단점이 마인크래프트의 진입 장벽을 크게 낮추는 요소로 작용합니다. 제각각의 모양은 가공과 활용이 어렵습니다. 반면 정육면체라는 단

일 규격은 누구나 쉽게 그것을 활용하고 확장할 수 있는 가능성
을 열어주죠.

채굴과 조합, 설치를 통한 확장

행위	채굴	설치	조합대, 보관함 열기	이동
조작법	마우스 좌클릭	마우스 우클릭	E키	W, A, S, D키

마인크래프트Minecraft라는 타이틀은 채굴을 의미하는 'Mine'
과 공예를 의미하는 'Craft'의 합성어입니다. 이는 마인크래프트
의 특성을 단번에 보여주는 네이밍이라 할 수 있는데요, 마인크
래프트는 자연 상태에 존재하는 블록을 원하는 대로 채굴Mine하
고, 그렇게 채굴한 것을 모아 새로운 아이템을 제작Craft할 수 있
는 시스템을 제공합니다. 그 과정은 크게 어렵지도 않습니다. 채
굴할 블록 앞에 가서 마우스 왼쪽 버튼을 누르기면 하면 되거든
요. 제작은 기본적으로 제공되는 조합대Crafting Table를 활용하면
되고요.

가령 동굴로 가서 철광석을 채굴하고, 숲에서 나무를 벌목한
뒤, 그 두 가지를 조합하면 멋진 철 칼을 만들어낼 수 있는 거죠.
기본적으로 제공하는 철 칼의 모양이 마음에 들지 않는다면, 리
소스팩Resource Pack 기능을 활용하여 나만의 칼 모양을 만들어낼
수도 있습니다. 이걸 응용하면 SF영화에나 나올 법한 광선 검이

나 레이저 총을 만들어내는 것도 어렵지 않죠. 물론 채굴한 블록을 꼭 아이템 제작에만 사용해야 하는 것은 아닙니다. 채굴한 블록을 다른 곳에 '설치'함으로써 멋진 건축물을 지을 수도 있거든요. 이 모든 과정이 굉장히 단순한 메커니즘으로 작동된다는 점이 큰 매력이라 할 수 있습니다.

무한한 메타버스와 여러 모드들

흔히 '마인크래프트는 게임이 아닌가요?'라는 질문을 받곤 합니다. 틀린 말은 아닙니다. 메타버스 플랫폼의 근간은 게임에 있으니까요. 그러나 마인크래프트가 '완전히' 게임만은 아닌 이유가 있습니다. 별다른 목표와 점수, 엔딩이 없다는 점, 유저의 특성과 수요에 따라 여러 모드를 제공한다는 점이죠. 여타 게임들은 어떤 목표가 있고, 그 목표를 달성했을 때 보상이 주어집니다. 그 보상을 얻고자 서로 치열한 경쟁을 벌이기도 하죠. 메타버스 플랫폼으로 기능하는 마인크래프트는 그런 게임적 요소들로부터 완전히 초월해 있습니다. 누구나 자신만의 목표를 설정해 몇 번이고 여러 도전을 이어갈 수 있죠. 누군가는 멋진 집을 짓는 것이 목표이고, 누군가는 가장 많은 다이아몬드를 채굴하는 것이 목표가 될 수도 있습니다. 공동의 목표를 설정하고 함께 협력하는 것도 가능합니다. 경쟁보다는 협동과 공유의 가치를 배울 수 있는 것이죠.

마인크래프트가 제공하는 여러 가지 모드도 눈여겨볼 만합니다. 마인크래프트 세계에 접속하려면 자신이 원하는 모드를 먼저 설정해야 합니다. 몇 가지 옵션이 있어요.

첫째는 서바이벌 모드Survival Mode입니다. 서바이벌 모드는 말 그대로 '생존'을 지향합니다. 이 모드에서는 아바타가 각각의 체력과 수명을 가지게 되지요. 마치 현실처럼 무언가를 먹지 않으면 이내 허기를 느끼고, 아사할 위험도 있습니다. 이 모드에는 무시무시한 몬스터가 등장하지만, 몬스터를 처치하는 것이 그다지 중요한 일은 아닙니다. 이 몬스터의 존재로 '마인크래프트는 게임'이라는 확신이 생기기 쉽지만, 몬스터는 현실 이상의 긴장과 위험 요소를 주기 위해, 그리고 여러 가지 아이템을 수급하기 위해 만들어진 존재에 불과합니다. 심지어는 몬스터가 나오지 않도록 설정할 수도 있거든요.

둘째는 크리에이티브 모드Creative Mode입니다. 이 모드를 설정하게 되면 아바타에게 체력과 수명이 주어지지 않습니다. 영원히 무한한 삶을 살 수 있게 되는 것이지요. 일일이 채굴을 하지 않아도, 원하는 아이템과 블록을 바로 사용할 수 있는 장점도 있습니다. 게다가, 자신이 원한다면 중력에 구애받지 않고 자유로운 비행도 할 수 있죠. 이 크리에이티브 모드는 멋진 건축물을 만들기에 적합한 모드입니다. 이름처럼 자신의 창의력을 마음껏 발휘할 수 있죠. 허공을 날아다니며 원하는 블록을 바로 설치할 수 있는 데다가, 외부의 위협으로부터도 자유롭잖아요.

셋째는 모험 모드Adventure Mode입니다. 모험 모드를 적용하면 아바타는 블록의 채굴과 설치를 할 수 없게 됩니다. 그저 광활한 마인크래프트 세계를 탐험하고 구경할 수 있는 자유가 주어지죠. 조금 답답할 수는 있지만, 이 모드를 활용해서 다른 사람이 지은 멋진 건축물을 구경하는 재미가 쏠쏠합니다.

직접 구축해야 하는 서버

마인크래프트에 대한 이야기를 하다 보면, 이 지점을 설명하는 것이 참으로 난해하다는 생각이 들었습니다. 마인크래프트는 여타 메타버스 플랫폼들과 결정적인 차이가 있습니다. 바로 누구나 서버를 개설할 수 있게 해준다는 점이죠. 인터넷을 통해 제공되는 거의 대부분의 플랫폼 매체들은 플랫폼 제공자가 그 서버를 제공합니다. '유튜브'를 예로 들어볼까요? 사람들은 유튜브(구글)가 제공하는 서버에 접속, 그곳에 원하는 동영상을 업로드하고, 자신의 의견을 남길 수 있습니다. 이 모든 접촉과 자료는 유튜브가 관리하는 서버에 저장되죠. 모종의 이유로 서버가 다운되기라도 하면 접속은 고사하고, 아무런 영상도 볼 수 없게 됩니다. 반면, 마인크래프트는 원하는 누군가가 자신의 서버를 직접 개설해 사람들을 초대할 수 있습니다. 마이크로소프트社가 제공하는 단일 서버도 있지만, 모든 기능을 사용할 수 없다는 치명적 단점 때문에 큰 인기를 끌지 못합니다.

누구나 서버를 개설할 수 있다는 것은 장점이자 단점으로 작용합니다. 마인크래프트를 통해 누군가와 만나기 위해서는 다른 사람이 개설한 서버에 접속하거나 자신만의 서버를 만들어야 하는데, 특히 후자의 경우는 그 과정이 쉽지만은 않습니다. 그럼에도 장점이 되는 것은 플랫폼 제공자의 의도와는 관계없이, 자신만의 독립된 세계를 구축할 수 있다는 점일 겁니다.

자신의 입맛대로 모든 것을 설계할 수 있는 것이지요. 유튜브에는 중앙 관리자가 존재하지만, 마인크래프트 세계에는 그런 것이 없습니다. 누구나 자신만의 세상의 관리자가 될 수 있습니다. 그래서 마인크래프트 세계는 무수히 많은 행성으로 이루어진 우주에 비유하곤 합니다. 지구의 8배나 되는 규모의 행성들이 각각의 매력을 지닌 채 수만 개, 수억 개 지금도 계속 만들어지고 있을 겁니다.

콘텐츠 설계에 용이

위에서 설명한 마인크래프트의 오픈월드, 샌드박스적 특징, 직접 서버를 구축할 수 있다는 장점을 잘만 활용하면 무궁무진한 콘텐츠를 자유롭게 설계하고, 쉽게 이용할 수 있습니다. 실제 방송 프로그램 못지않은 스튜디오를 직접 만들어 촬영을 진행할 수도 있죠. 큰 힘과 자본을 들이지 않고도 말입니다. 10대 친구들에게 최고의 인기를 누리는 도티, 양띵과 같은 유튜버들의 성장 기반이 마인크래프트에 있음은 우연히 아닙니다. 그것을 증명이라도 하듯, 유튜브와 같은 플랫폼에는 마인크래프트를 기반으로 한 콘텐츠가 굉장히 많습니다. 앞서 소개한 청와대 영상도 그 중 하나일 뿐이죠.

인천크래프트 홍보 포스터
<출처 : 인천투데이>

또 하나의 일례로, 인천광역시가 공개한 마인크래프트 맵 '인천크래프트'가 있습니다. 마인크래프트 세계 안에 인천의 명소를 구현하고, 인천 역사의 현장들을 재현한 것이지요. 실제 역사 인물의 행적을 따라갈 수 있도록 구성한 마인크래프트 맵과 서버는 굉장히 큰 인기를 끌었습니다. 많은 유튜버와 일반 유저들이 자신들의 콘텐츠에 '인천크래프트' 맵을 적용함으로써 다양

한 파생 효과를 가져왔다지요. 유저들은 자발적으로 인천국제 공항에서 놀이를 만들거나, 개항장 맵에서 영화를 찍는 등의 흐름이 이어갔습니다. Z세대를 중심으로 인천시에 대한 브랜드 가치를 높인 것은 말할 것도 없고, 실제 페스티벌 형태였다면 굉장히 천문학적인 홍보 예산이 필요한 일이었을 텐데 예산도 크게 아낀 셈이 되었을 겁니다.

마인크래프트의
인기

2011년, 게임 중독에 빠진 청소년들을 구제하겠다는 명목으로 시행된 '셧다운제Shutdown Law'를 아시나요? 바로 청소년들의 심야 시간 게임 접속을 제한하는 법이지요. 시작부터 많은 잡음이 있었는데 청소년들의 기본권을 침해한다는 의견부터 실질적 규제가 어렵다는 비판까지 마구마구 쏟아졌죠. 법안 추진과정에서 열린 토론회에서는 '게임을 절대적인 악'으로 규정하는 일부 어른들의 잘못된 편견이 드러나기도 했습니다.

이 법의 시행으로 인해 16세 미만의 대한민국 청소년들은 오전 0시부터 6시까지의 온라인 게임 이용이 불가하게 되었죠. 워낙 늦은 심야 시간대인데다가 규제에 찬성하는 학부모들의 여론도 만만치 않아, 이러한 규제는 10년이 넘는 시간 동안 계속 이어져왔습니다. 물론 논란은 항상 있었죠. 셧다운제의 규제 대상이 PC 온라인 게임에만 한정되어 있었던 탓에, 모바일 게임이나 콘솔 게임, 외산 인디 게임에는 그 규제가 미치지 않았거든요. 국내 온라인 게임 회사들에 대한 역차별이라는 여론도 만만찮게 제기되었습니다.

그런 잡음에도 불구하고 계속 이어질 것만 같던 셧다운제에 금을 낸 건, 다름 아닌 '마인크래프트'였습니다. 오랫동안 마인크래프트는 외산 인디 게임으로 분류되어 셧다운제의 규제를 받지 않았습니다. 청소년들의 창의성 개발에 도움이 되는 교육적 용도로도 사용되는 데다가 그 자체로도 압도적인 인기를 누리고 있었던 만큼, 단순한 게임으로만 볼 수도 없었죠. 그런데 MS가 마인크래프트를 인수하고, 모든 로그인 계정을 자체 게임 플랫폼인 '엑스박스'와 연동하기 시작하면서 문제가 발생했습니다. 엑스박스는 MS가 제공하는 여러 게임을 중개해 주는 역할을 합니다. 대부분이 온라인 게임으로 이루어져 있었고, 국내에서도 서비스를 하고 있다 보니, 엑스박스는 셧다운제의 규제를 받는 대상이었습니다.

그러나, 세계적으로 사용하는 이 게임 플랫폼에 한국만을 위한 셧다운 기능을 추가하기란 어려웠죠. 소스를 뜯어고쳐야 했고 연동된 각종 게임과 기능들을 다 업데이트 해줘야 했거든요. 그 자체로 천문학적인 돈이 드는 일이었습니다. 그래서 MS는 아예 미성년자의 엑스박스 계정 생성 자체를 막아버리고 있었죠. 전 세계에서 유일한 일이었습니다.

그런 엑스박스와 마인크래프트가 연동되니, 마인크래프트마저 셧다운제의 규제 대상으로 전락하고 만 겁니다. 역시 미성년자라는 이유만으로 마인크래프트 자체를 할 수 없게 된 거죠. 교육용으로 사용되는 이 건전한 게임이 '미성년자 불가 게임'이 되어버리자 곳곳에서 큰 반발이 일어났습니다. 거기에다 마인크래프트는 훌륭한 메타버스 플랫폼이기도 합니다. 마인크래프트에도 셧다운제를 적용한다는 것은 메타버스 산업 자체를 퇴화시키는 일이었죠. 결국 이 논란은 제도권 언론에도 크게 보도되었고, 국회 차원의 정책 회의가 열릴 만큼 큰 이슈가 되었습니다.

지난 10년간 꿈적도 하지 않던 '셧다운제 폐지 논의'가 이 마인크래프트라는 플랫폼 하나로 크게 일어나게 된 것이지요. 결국에는 정부 차원에서 '셧다운제 폐지'를 선언하면서 이 사태는 어느 정도 일단락되었습니다. 국회 차원에서의 호응이 아직 남아 있지만요. 우리는 이 일화를 통해 마인크래프트라는 플랫폼이 얼마나 대단한 영향력을 가지고 있는지 그 위상을 가늠해볼 수 있습니다.

위 일화에서 알 수 있다시피, 마인크래프트는 특히 Z세대를 중심으로 큰 인기를 끌고 있습니다. 흔히 마인크래프트를 '초딩들의 게임'이라 부르는데, 이는 실제 초등학생들 사이에서 선풍적인 인기를 끌고 있기 때문입니다. '초통령'이라는 별명으로 불리는 유튜버 도티나 양띵같이 초등학생들 사이에 영향력 있는 셀럽들은 모두 마인크래프트 기반으로 콘텐츠를 설계하고 있습니다. 아이들은 마인크래프트를 통해 자신만의 창의성을 계발하고, 자유자재로 집을 짓고, 그것을 친구들과 공유하며, 혹은 유튜브를 통해 방송하며, 세상을 배우고, 세상으로 나아갑니다.

이 모든 것은 단순한 게임의 영역이 아닙니다. 여러분들이 바라시는 '메타버스'지요. 사티아 나델라가 말한 것처럼 이 '마인크래프트 세대'가 성장한 미래는, 그리고 그들이 그려갈 메타버스는 지금과는 완전히 다를 것입니다.

PART 2

메타버스 캠퍼스로 등교하기

메타버스의 서막

　2020년 초, 대구·경북에서 많은 코로나 확진자가 나왔던 것을 기억하시나요? 처음 맞이하는 재난 상황에 모두가 그야말로 '패닉 상태'에 빠져 우왕좌왕했습니다. 대규모 전염병에 대한 가이드라인이 전혀 마련되어 있지 않은 탓에 여러 대학들이 무기한 개강 연기를 선언하는 지경에 이르렀거든요.

　제가 소속된 영남대학교도 마찬가지였습니다. 저는 4학년이라 그나마 상황이 나았다지만, 처음 대학 생활을 시작한 신입생친구들에게는 재앙도 그런 재앙이 없었을 것입니다. 치열한 경쟁을 치르고 넘어선 대학 관문, 바로 코앞에 낭만적인 캠퍼스 라이프가 기다리고 있었는데, 갑자기 난데없이 찾아온 코로나로모든 게 물거품이 되어버린 상황. 누구라도 그 안타까움을 이루표현하기 힘들 테지요. 결국, 개강은 예년보다 한 달가량 늦게

'시작은 되었습니다.'

　그렇다고 해서 아무도 캠퍼스 라이프를 누릴 수는 없었죠. 대면 수업은 전연 이루어지지 않았거든요. 대학 캠퍼스라는 공간이 단순히 학문과 기술을 연마하는 곳만은 아닐 것입니다. 학내 구성원들과 소통하고 교류하며, 관계를 맺는 인간적 공간이기도 하죠. 교수자와의 질의응답과 교감, 학생들 간의 협력과제, 선·후배 및 동기들 간의 술자리, 공동의 목표를 향한 프로젝트 모임과 동아리... 하지만, 갑작스럽게 찾아온 코로나 시국은 이 모든 것을 멈추게 하고 말았습니다. 그 속에서 제가 즐겨하던 게임 '마인크래프트'를 떠올렸던 것은 크나큰 행운이었습니다.

영남대학교 중앙도서관을 처음 지었을 때의 모습

　처음에는 '마인크래프트 속에서도 학생들의 모임을 이어갈 수 있지 않을까'하는 단순한 의문에서 출발했습니다. 워낙 마인크래프트라는 게임을 좋아했고, 평소 학내 다양한 모임과 스터디를 주재하곤 했기에 그런 연장선상에서 이루어진 발상이었지요. 이런 아이디어를 학내 커뮤니티 게시판에 공유했더니, 여러 반응들이 돌아왔습니다. 단순히 '게임이 재밌겠다'라는 의견도 있었지만, 대학에서 변변한 친구나 선후배를 사귀지 못한 20학번 친구들의 바람이 컸습니다. 어쩌면 코로나 시국 속에서 이루어지지 못하는 '소통'과 '교류'의 가치들을 마인크래프트라는 가상공간이 대체할 수도 있겠다는 생각이 들었습니다.

이는 곧 마인크래프트 내에 영남대 학생들을 위한 '메타버스 캠퍼스'를 구축하겠다는 기획으로 이어졌지요. 그때는 그 개념을 잘 몰랐다지만, 명백한 '메타버스'의 시작이었지요. 이후, 저는 같이 마인크래프트를 플레이하던 친구를 끌어들여 세부적인 설계와 준비에 돌입했습니다.

저희 두 명의 인력만으로는 처음부터 모든 캠퍼스 공간을 구현할 수 없었기에, 먼저 중앙도서관 건물부터 마련하기로 했습니다. 현실 캠퍼스 내에서도 제일 높고, 영남대학교의 상징과도 같은 건물인데다가, 학교에 가보지 못한 20학번 친구들에게도 제일 먼저 보여주고 싶은 건물이었거든요. 저희는 그렇게 20층 규모의 늠름한 중앙도서관을 세우고, 내부 공간을 다듬었습니다. 그리고 누구라도 접속하는 순간, 바로 중앙도서관과 마주할 수 있도록 그곳을 캠퍼스의 시작점Spawn Point으로 삼았지요. 주변 환경을 꾸미는 것도 놓치지 않았답니다. 식당, 노래방, 술집,

카페... 모두 대학생들의 주요 활동지지만, 코로나 시국에서는 쉽게 즐길 수 없는 곳들이었죠.

마인크래프트 속 국밥집에서 식사를 즐기는 학생들의 모습

　저는 이 메타버스 캠퍼스가 실제 대학 생활과 유사한 경험을 선사해줄 수 있기를 바랐습니다. 그렇다면, 단지 건물을 마련하는 것만으로는 부족한 점이 많을 테지요. 실제 그곳에서 어떤 상호 작용이 일어나고, 활발한 교류와 소통이 이어지기 위해서는 시스템적인 뒷받침이 있어야 하니까요. 많은 고민과 회의 끝에, 저희는 실제 대학의 학사 과정을 유사하게 재현하기로 마음먹었습니다.

　누구든지 메타버스 캠퍼스에 처음 접속하면, 실제 학년과는 상관없이 1학년이 되고, 학과를 선택하고 수업을 들을 수 있도록 말이죠. 수업에서는 게임 내에서 수행할 수 있는 과제들이 주어지고, 그것을 완수하면 학점을 얻을 수 있도록 했습니다. 그 학점을 모아 학년을 진급할 수도 있고요. 20학번 신입생들도 온 전한 캠퍼스 라이프를 누리며 얼마든지 2학년, 3학년이 될 수 있었습니다.

그렇게 저희는 모든 구축을 완료하고, 메타버스 캠퍼스를 학 내 커뮤니티에 선보였습니다. 처음에는 그저 짤막하게 '함께 마 인크래프트에서 캠퍼스 라이프를 즐길 학우들을 기다린다'고만 적었습니다. YUMC(Yeungnam Univ. Minecraft)라는 거창한 이름을 붙이긴 했지만, 폭발적인 반응을 기대하지는 않았지요.

그런데 어떻게 되었냐고요? 문자 그대로 '대박'이 났습니다. 너무나도 많은 인원이 한꺼번에 메타버스 캠퍼스로 몰려들었습 니다. 어찌나 접속이 쇄도하는지 메타버스 캠퍼스를 구동하는 서버가 다운되고, 동작이 지연되는 사태가 연이어 발생했습니 다. 급히 서버의 사양을 증설시켰지만, 그것과는 별개로 어안이 벙벙했습니다. 일을 저질러 버렸다는 생각에 덜컥 겁부터 나더 군요. 평범한 '대학교 4학년'에서, 졸지에 '거대한 메타버스의 총 장'이 되어버린 기분은 참으로 이상했죠. 많은 학우들이 메타버 스 캠퍼스 내에서 수업을 듣고, 친구를 사귀며, 집을 지어 마을 을 꾸리기도 했습니다.

저와 친구는 각각 관리자와 부관리자라는 직함을 달고, 곳곳 을 누비며 보수와 개발을 이어갔지요. 그러는 동안, 메타버스 캠 퍼스의 등록 인원은 200명 가까이로 불어났습니다. 영남대학교 재학생 수가 약 20,000명이니 재학생 100명 중 1명은 메타버스 캠퍼스를 찾은 셈이 되었네요.(책을 쓰는 시점에서의 인원수는 300명을 훌쩍 넘었습니다.)

마을을 꾸미고 꽃놀이를 하는 학생들

졸업 조건을 달성한 뒤 기념사진

아무리 코로나 시국이었지만, 이렇게 많은 접속자 수는 전혀 예측하지 못한 것이었습니다. 제가 준비가 부족했던 걸까요? 아닙니다. 모두의 열망이 컸던 탓이죠. 굳이 지적한다면 이런 메타버스의 가능성에 대해 제가 너무 과소평가하고 있었던 것일지도 모릅니다. 코로나로 인해 직접 소통이 어려워졌다는 점도 인기의 한 이유였겠지만, 각양각색의 접속자들이 이 온라인 공간에서 기대하고, 이루어낸 것들은 그 이상이었습니다.

대인관계에 서툴렀던 이들에겐 제약 없이 사람들을 만날 수 있는 사교장이었고, 하지 못한 공부와 동아리에 참여하고 싶었던 이들에게는 새로운 꿈을 펼칠 수 있는 무대였습니다. 여기에는 새로운 캠퍼스 라이프가 기다리고 있었고, 이곳은 그야말로 모두가 원했던 공간이었습니다.

YUMC에 들어와서 과도 다른 선배들과 친해진다는 것 자체가 내게 활력을 주었다. 사람과 같이 놀고 지내는 것을 스스로 안 좋아한다고 생각하고 있었지만 코로나 시대에 사람과 만나지를 못하니 자의와 타의의 차이가 이렇게 큰 것을 깨달았다. 게임을 하던 사람이 아니더라도 온라인 술먹방 등 온라인으로 사람과 만나는 시대가 되었다. 낯가림도 심하고 학교 한 번 가보지 못한 나에게 영대마크 서버는 사람들과 만나는 매개체 역할을 해주었고 무한히 감사하고 있다.

– 윤지 학생의 수기

다양한 학과에 많은 선배님과 동기들을 만날 수 있었습니다. 같은 학교여서 실제로 OT, MT 등 학교생활을 하면서 여러 과 선배님들에게 궁금한 것을 질문하여 얻어야 할 중요한 정보들을 YUMC에서 만난 선배님들께 많이 얻었습니다. ...(중략)... 코로나로 인해 학교도 못가고 엄청나게 우울해 있었고 무기력해 있었습니다. 서버에서 같이 건축하고 서로 소통하면서 게임 내 새로운 공동체를 만들 정도로 친해졌습니다. 저는 평소 숫기 없고 친구 사귀는 것을 어려워했습니다. 하지만 온라인 소통을 하면서 면대면보다 실제로 더 자신감 있게 다가갈 수 있었고 더욱 좋은 사람을 만날 수 있었다고 생각합니다.

- 개리 학생의 수기

가상공간에도
경제가 있어요

메타버스 캠퍼스에 많은 학우들이 몰려들면서, 그 새로운 세계에는 자연스레 주거를 위한 공간과 마을들이 만들어지기 시작했습니다. 메타버스 캠퍼스라고 계속 학교에서만 살 수는 없는 노릇이니 당연한 이야기겠지요. 집에서 요리를 하고, 짐을 보관하거나 휴식을 취하는 등의 행동은 현실 세계와 별반 다르지 않았습니다. 거기에다 이곳에선 누구나 '내 집 마련'의 꿈을 실현할 수 있었지요. 그러다 보니, 물리적 공간의 한계를 뛰어넘은 웅장한 저택들도 많이 지어졌습니다. 저마다의 꿈과 상상력이 펼쳐지는 광경은 실로 아름다웠습니다.

자신의 집에 친구를 초대해 담소를 나누는 장면

한 학생의 웅장한 저택

하나둘씩 자신의 집을 갖게 되자, 재미있게도 집과 토지를 둘러싼 분쟁이 생겨났지 뭡니까. 본인이 집을 지으려고 했던 토지에 다른 학생이 먼저 건물을 올려버렸다거나, 이미 건물이 세워진 토지를 자신의 것이라 우기는 식의 분쟁들이었죠. 자연 상태의 땅을 그저 선점하기만 하면, 관습적으로 그 소유권이 인정되었기에 생겨난 일들이었습니다.

가상공간에서의 토지 분쟁이라니, 상상이나 되시나요? 이런 분쟁이 심화되자, 저는 특단의 조치로 '부동산 국유화國有化 정책'을 단행했습니다. 이게 무슨 말이냐고요? 먼저 저희는 모든 토지를 16㎡의 면적으로 구획하고, 각각의 토지에 고유한 주소를 부여했습니다. 그리고는 사용되지 않은 토지(건물이 없는 땅)를 전부 메타버스 캠퍼스의 자산으로 만들어버렸지요. 일종의 국유화였습니다. 그렇게 '국유화'된 토지를 전부 매물로 내놓은 겁니다. '이제부터 원하는 토지는 구입해서 사용하세요!'라는 말과 함께요.

① 16:51   ◈ 【 냉면 별 】 … 예주의 땅

16㎡로 구입된 각각의 토지에 들어오면 토지의 고유 주소[냉면 별]와 함께 땅의 주인[예주]이 표시된다.

물론 토지를 구입하기 위해서는 '돈'이 필요했습니다. 실제 화폐를 이용한 거래냐고요? 아닙니다. 메타버스 캠퍼스를 통해 수익을 창출할 생각은 없었거든요. 여기에서의 '돈'이란 그저 메타버스 캠퍼스 안에서만 통용되는 '가상 화폐'였죠. 저는 '부동산 국유화 정책'을 단행하기에 앞서 막 화폐를 만들고 '경제 제도'를 마련해두었던 참이었습니다.

원래 메타버스 캠퍼스에서의 모든 거래는 물물 교환으로 이루어졌습니다. 식량은 많지만 벽돌이 부족한 A와 벽돌은 많지만 식량이 부족한 B가 서로의 자원을 교환하는 식 말이에요. 하지만 항상 자신에게 필요한 물품을 교환하길 원하는 적임자가 있는 것은 아니었죠. 그런 불편이 있었기에, 저는 '코인'과 '달러'라는 이름의 화폐를 발행하고, 거래에서의 사용을 유도했습니다. 사용을 촉진시키고자 여러 자원들을 화폐로 교환해주는 정책도 병행하고 있었고요. 하지만, 생각보다 화폐의 유통량이 적었습니다. 많은 학생들이 항상 해오던 물물교환 방식을 선호했고, 자원으로 돈을 교환해봐야 큰 쓰임새가 없다고 생각했거든요. 저는 고민에 빠져 있었지요.

그런데, 토지 국유화 정책이 그런 고민을 말끔히 해결해줬습니다. 토지 분쟁 해결을 위해 도입한 정책이었지만, 뜻밖의 효과를 낸 것이지요. 학생들은 토지를 구입하기 위해 화폐를 모으기 시작했습니다. 자신이 원하는 저택을 짓고, 농사를 짓고, 광산을 만들기 위해서는 반드시 땅이 필요했거든요. 많을수록 좋았고요. 모두가 열심히 자원을 현금화했고, 거래에 화폐를 적극적으로 사용했습니다.

시간이 조금 지나자, 더욱 재미있는 상황이 전개되었는데요, 바로 '학생들 간의 부동산 거래'가 시작된 겁니다. 저는 국유화한 토지들을 매우 저렴하게 모두 동일한 가격에 팔고 있었는데,

이것을 구입한 학생들끼리 프리미엄을 붙인 가격으로 토지를 재판매하기 시작한 거죠. 땅을 사재기하는 사람이 생기는가 하면, 월세 형태로 토지 사용료를 받거나, 이를 중개해주는 전문 부동산 업자까지 탄생했습니다. 당연히 이 과정에서도 여러 가지 분쟁과 진통을 겪어야 했습니다. 토지의 거래 가격을 제한해야 한다는 여론도 만만치 않았고, 관련 재판이 여러 번 열리기도 했습니다. 덩달아 저도 엄청나게 바빠졌답니다. 많은 공부가 필요했지요.

비록 저희는 실제 화폐를 사용하지는 않았지만, 메타버스 속 토지를 일정하게 구획하고, 판매하는 방식은 마치 가상 부동산 플랫폼인 '어스2'를 떠올리게 합니다. 어스2는 구글맵을 기반으로 만들어진 '가상 지구'입니다. 지구 전체를 $10m^2$의 면적으로 구획하고, 그 토지를 이용자들에게 분양하죠. 이용자들은 자신이 구입한 땅을 다시 자유롭게 팔거나 살 수 있습니다. 이 과정에서는 실제 현금이 오고 갑니다. 만약 저희 메타버스 캠퍼스도 어스2 플랫폼처럼 실제 경제와 연동했더라면 어떻게 되었을까요? 저는 애초에 그렇게 할 생각이 없었지만, 만약 그랬다면 지금과는 양상이 많이 달랐을 겁니다.

학생들이 설립한 다양한 회사들

회사 「칼라똥 에이전시」의 사원들이 자신의 업무 일지를 작성하는 공간이다.

아무튼, 그렇게 점점 학생들의 마을이 발전하고, 경제의 규모가 커지자 대규모 토목 공사가 시작되었습니다. 거대한 '큰 손' 투자자들도 생겨났죠. 어디 투자자만 있었을까요? 고용하는 사람, 고용된 사람, 그 둘을 이어주는 사람, 각종 이권을 챙기는 사람... 머지않아 저희는 이 가상공간 안에 자연스레 회사가 탄생하는 광경까지 목격했습니다. 아무런 제도적 장치나 개입이 없었음에도, 학생들이 경제 원리에 따라 자발적으로 회사를 설립한 것이지요. 놀랍지 않나요? 가상공간에서의 경제가 실제 현실과 이토록 유사하게 돌아갔다는 사실 말이에요.

회사명	주요 사업
디나이 인력사무소	건축업, 인력 중개업, 유통업
아침돼지단	아침역 인근 개발 사업
삐뽀 오케스트라	전문 인테리어, 전기 통신 사업
낙무 아일랜드	관광업
해적단	수산업, 인력 중개업
인민노력공사	교통운수업, 건축업, 임대업
개미플러스 유통	유통업
칼라똥 에이전시	건축업, 농업, 임대업
더 보르자크	숙박업
팔공철도교통	교통운수업(철도)

메타버스 캠퍼스 내 존재하는 회사들

지식과 문화
공유의 장

    방금까지의 에피소드를 보시고, 메타버스를 활용한 경제 교육의 가능성을 읽지 않으셨나요? 저희들 역시 몸소 이런 상황들을 체험하면서 우리 사회의 경제가 어떻게 돌아가는지, 특히 화폐가 어떤 구조로 유통되고, 자산의 형성이 어떻게 이루어지는지를 공부할 수 있는 좋은 기회가 되었거든요. 그런데, 이 가상 공간에서 직접적인 '지식의 공유'까지 이루어졌다는 사실까지 듣는다면 더욱 놀라실지도 모르겠네요.

    그게 무슨 말이냐고요? 맨 처음 메타버스 캠퍼스 속에 영남대학교 중앙도서관을 만들었다는 이야기를 기억하시나요? 사실 도서관이라 해봐야 처음에는 별다른 기능을 수행하지는 못했습니다. 그저 껍데기만 도서관에 불과했죠. 처음 접속하는 이들을 위한 쉼터나, 학생들 간 만남의 장으로 이용되는 것이 전부였습니다. 텅 빈 이곳을 실제 도서관처럼 꾸미기 위해 서재와 독서대, 테이블 등을 설치해두었더니, 그야말로 '많은 변화'가 일어났습니다.

우수 도서를 모아 둔 공간

도서관에서 책을 읽는 학생들

학생들이 직접 자신이 배우고 익힌 것들을 '책의 형태'로 공유하기 시작한 것이지요. 자신이 들은 강의 내용을 요약해 정리하는 학생도 있었고, 평소 관심이 있던 분야나, 주변에 알려주고 싶은 상식들을 엮는 학생도 있었습니다. 학교생활의 '꿀팁'과 과제 경험담을 적은 선배들의 책도 많은 후배들의 사랑을 받았죠.

세크렛따리 학생이 쓴 러시아어 교재

그렇게 어느덧 메타버스 캠퍼스 내에 존재하는 책의 권수가 400권을 훌쩍 넘었지 뭡니까. 책의 분야와 내용도 갈수록 다양해졌습니다. 학문적 지식 외에도 가벼운 수필이나 소설, 시까지 등장했지요. 그리고 이러한 '지식 나눔'은 일방적인 것이 아니었습니다. 많은 학생들이 수시로 도서관에 방문하여 신간을 찾아 읽었고, 일부 책은 열띤 토론의 대상이 되기도 했습니다. 어느 한 쪽에서는 열심히 책을 쓰고, 그 옆에서는 책을 읽고, 또 한쪽에서는 책에 대한 토론이 벌어지는 진풍경이 곧잘 펼쳐지곤 했습니다.

이런 도서관의 활성화는 마치 국경없는기자회RSF, Reporters Sans Frantieres가 마인크래프트 공간 내에 '검열 없는 도서관'을 만들었던 사실을 생각나게 합니다. 이집트, 멕시코, 러시아, 사우디아라비아, 베트남 5개국에서 검열당한 기사와 정보를 읽을 수 있도록 만든 도서관이지요. 언론과 출판의 자유가 없는 나라에서도 마인크래프트 접속은 얼마든지 가능합니다. 일반 인터넷에서 차단된 정보를 가상 세계에서는 얼마든지 읽을 수 있고, 거기에 대한 의견을 표현할 수 있다는 것이죠.

물론 이런 도서관과 출판 시스템에 순기능만 있는 것은 아니었습니다. 실제 저작권이 있는 책의 내용을 그대로 베껴 출판하거나, 다른 학생들의 명예를 훼손하거나, 장난으로 쓰인 도서들이 출판되기도 했습니다. 물론 그런 책과 저자에 대해서는 별도의 제재가 내려졌지만, 가상 세계에서의 '지식 공유'가 어떤 방향으로 나가야 할지, 특히 법적·제도적 문제에서 많은 고민이 필요하다는 생각이 들었지요.

스튜디오에서 DJ로 활약하는 학생의 모습

< 유목라디오 - 올터뷰 >
(1) 예주 인터뷰
방송일시 : 3월 14일(일) 23:00~

【오프닝 멘트】
1. 진행자의 오프닝 멘트 & 오늘의 인터뷰어 안내

【자기 소개】
1. 예주의 자기소개 (짧게, 자유 형식)

【오프닝곡】
1. 오프닝곡으로 사용할 노래를 신청해주세요.

【질문 타임 - 게임에서의 예주】
• 아래 질문은 게임에서의 예주를 중심으로 질문
1. 예주라는 이름의 유래는 무엇인가요?
2. 언제 어떤 계기로 마인크래프트를 접하게 되었는가?
3. 어떻게 YLMC에 오시게 되었나요?
4. 서버에서의 활약상 : 나는 YLMC에서 이런 일을 했다.

【취향 테스트】

< 유목라디오 - 올터뷰 >
(4) 포포 인터뷰
방송일시 : 4월 3일(토) 23:00~

【오프닝 멘트】
♪ https://youtu.be/QUICIYYiEcz8

1. 진행자의 오프닝 멘트 & 오늘의 인터뷰어 안내
https://www.youtube.com/watch?v=4qkR0xrVrOfE
모든 사람에게는 저 마다의 향기가 있다고들 하죠. 사람의 향기는 인공적으로 만들어진 냄새가 아니라, 살아온대로 걸어온대로 저절로 풍겨져 온다고 합니다. 그래서 그 향은 숨길 수도 없고, 멀리 가고, 또 오래 남습니다. 오늘은 누가 어떤 향기를 싣고 여기에 찾아올까요? fm 유목라디오 올터뷰, 집사님이 긴장하고 있다는 이번 시간, 지금 바로 시작합니다.

네, 저희 서버는 한글 닉네임을 채택하고 있는데요. 사실 이 분 때문에 한글 닉네임 만들어졌다고도 해요. 굉장히 긴 유저네임이죠? 피오피오오... 이거 어떻게 읽어야할지 롤라 푸루, 포포, 랄, 피오피. 다양한 이름으로 불렀으니 결국 이렇게 낙점되었다고 하는데, 건축은 안하고 집사만 놀리는

라디오 대본

도서관을 통해 '지식 공유'가 이루어졌다면, 메타버스 캠퍼스 내 방송국과 홀을 통해 '문화 공유'가 이루어진 사례도 있습니다. 이 또한 학생들이 자발적으로 가상공간에 방송국과 신문사를 조직하거나, 공연을 준비한 것이지요.

특히 모겐 학생이 주도적으로 설립한 '유믹라디오 방송국'을 주목해볼 만합니다. 유믹라디오는 메타버스 캠퍼스 내에 작은 스튜디오를 마련한 모겐이 음성 채팅 창구를 활용해 '모겐의 열한시夜'라는 첫 프로그램을 선보이며 시작되었습니다. 메타버스 속에서 일어난 일이나 사연을 제보받아 진행하는 음악 프로그램이었지요. '모겐의 열한시夜'가 첫 시범 방송부터 큰 인기를 누리자, 이를 따라한 '레조트의 여덟시夜'와 학생들을 인터뷰하는 '윰터뷰', 잡다한 지식을 전달하는 '삼라만상 지식 창고'와 같은 프로그램이 유믹라디오에 잇따라 개설되었습니다.

신문의 경우, 개리 학생이 운영진들과 민관합작으로 설립한 '유믹일보'가 있었습니다. 그 역시 메타버스 캠퍼스 속에서 일어나는 다양한 일과 동향을 전해주는 창구였지요. 학생들 간의 분쟁 해결을 위한 제언을 올리거나, 여론을 수집하고, 운영진의 공지사항을 정리해 올려주는 역할도 담당했습니다. 학내 학보사가 할 만한 역할을 수행한 셈입니다. 신문에 여러 학생들의 기업 광고를 실어 수익을 창출해내는 것도 참으로 재미있는 광경이었습니다.

이러한 지식과 문화 공유 사례 중에서도 단연 으뜸은 '위키'였습니다. 위키란 여러 명의 공동 편집자가 협업을 통해 내용을 수정할 수 있는 웹사이트를 의미합니다. 대표적인 사이트로 위키백과나 나무위키가 있죠. 여러 학생들의 요청으로, 메타버스 캠퍼스를 통해 공유하고 싶은 지식, 문화, 정보, 내부 동향 등을 누구나 자유롭게 집필 및 수정할 수 있는 부속 사이트, 이른바 '유믁위키'가 개설된 것입니다.

메타버스 캠퍼스를 접속할 수 있는 권한만 있다면, 누구든 위키를 편집할 수 있도록 열어두었지요. 굉장히 교육적이고 유용한 내용들이 많이 작성되었을 뿐 아니라, 메타버스 캠퍼스 내 생활에 필요한 지식도 체계를 갖추고 정리되었지요. 특히 학생들 개개인을 다룬 개별 문서들이 작성되며 서로 간 소통과 협력에도 큰 기여를 하게 되었습니다. 메타버스 캠퍼스 속에 지어진 건물이나 각종 사건 사고에 대한 기록도 담겼지요. 저희의 메타버스 캠퍼스가 '실재하는 또 다른 세계'임을 여실히 보여주는 것이기도 했습니다.

유믹일보 온라인 사이트 모습

　한편, 지식과 문화의 경계를 넘은 미술관이나 역사박물관도 연이어 등장했습니다. '인장 현대미술관', 'S1 역사박물관' 등이 그 예시지요. 한 학생은 그렇게 말하더군요. '현실에서도 누리지 않는 문화생활을 여기에서 누리고 있다'고요.

<학생들이 가상공간에 출판한 책들>

여러분들은 빛의 3원색과 색의 3원색 그리고 그들을 뭐라고 부르는지 아시나요? 빛의 3원색에는 빨강, 초록, 파랑이 있어요. 이를 RGB color(Red, Green and Blue)라고 부릅니다. 빛의 3원색은 흔히 다들 아실 거예요. 모든 색상을 섞으면 흰색이 됩니다. 색의 3원색에는 빨강, 노랑, 파랑이 있죠. 하지만 색의 3원색이라 부르지 않고 CMYK color(Cyan, Magenta, Yellow and Black)라고 부릅니다.
　　　　- 칼라똥 학생이 쓴 미학 개론서 『색의 원리』 중에서

이 가게의 최고 장점은 배달앱에서 리뷰를 쓸 경우 돈가스를 서비스로 준다는 것이다. 돈가스를 따로 시켜본 적은 없지만 서비스가 대박이다. 꼭 친절하게 리뷰를 써주자.
　　　　- 자라쿠 학생이 쓴 『영남대학교 배달 맛집 책자』 중에서

이제 막 스무 살에서 벗어난 나와 달리, 스물둘에서 스물여섯까지의 다양한 연령대와 알바 경력이 많은 사람들이 있어서 나는 떨어질 것이라 생각하고 자신감이 급 하락한 상황이었다.
　　　　-포포 학생이 쓴 『카페 알바 경험담』 중에서

<유묵위키 내 문서들>

겉으로 보기에는 낚시터에서 한가로이 낚시를 즐기는 것처럼 보이나 낚시터 지하에 숨겨진 비밀 사업장을 운영하고 있다. 나주

뒤쪽에서 썬플라워와 하트킴의 도움으로 무사히 평지화를 끝마치고, 그 자리에 나주 아파트를 완공했다. 건물주로서 201호에 살고 있으며 들어오는 뉴비들을 위해 무료로 아파트 거주지를 제공했다...(하략) - 유묵위키 '환이' 문서

종강의 북쪽에 있는 가톨릭 성당으로, YUMC 서버에 최초로 지어진 대성당이다. 2020년 3월 1일 완공된 프랑스 고딕 양식 건축물로 칼라뚱의 대표작이다. 현재 지어진 건축물 중 가장 넓은 면적으로 대성당의 자태를 보여준다. 벚꽃이 필 때 가면 가로수길에 벚꽃이 만개하여 사진 찍기에 좋다...(중략)... 지금의 대성당이 있던 곳에는 종강역에서 조금 떨어진 디디의 작은 집과 평지, 산이 있었다. 칼라뚱은 여기야말로 건축하기 좋은 땅이라 생각하여 가차 없이 땅을 헐값에 샀다. 그리고 광질을 하며 모은 조약돌을 사용하기 시작하면서 본격적인 공사가 시작되었다...(하략)
- 유묵위키 '칼라뚱의 성당' 문서

다채로운
마을과 가게들

　방금까지의 에피소드를 보시고, '왜 이렇게 불친절해?'하고 생각하셨을지도 모르겠습니다. 다짜고짜 '경제'나 '교육'에 대해 얘기했지만, 그 안에 등장하는 '마을'이니 '회사'니 하는 것들은 배경처럼 스쳐갈 뿐, 상세히 설명해드리지 않았으니까요. 조금 호기심이 생기셨다는 의미일 테니 기쁘게 받아들이겠습니다. 지금부터 차근차근 그 호기심을 해결해드리죠.

　'호모 우르바누스Homo Urbanus'라는 용어가 있습니다. 인간을 의미하는 'Homo'와 도시를 의미하는 'Urban'이 결합해 만들어진 말입니다. 한마디로 '도시적 인간', 풀어서 이야기하면 '도시를 건설하는 인간'을 의미합니다. 공동체를 꾸리고, 마을을 만들고, 더 나아가 하나의 도시를 건설하는 일련의 과정들이 인간에게 있어 매우 자연스러운 일이라는 거죠.

먼 옛날, 저희의 선조들을 떠올려 봅시다. 홀로 자원을 채집하고 농사를 지으며 살아가기엔 어려운 점들이 너무 많았겠지요. 각자가 가진 역량이 다른 데다, 자연에는 늘 예측 가능한 규칙성만 존재하는 게 아니니까요. 무리 지어 협동하며 사는 것이야말로 개개인의 생존에 더욱 유리한 길이었습니다. 혈연을 중심으로 한 씨족 사회가 확대되며 또 다른 '이웃'이 생기고, 그 이웃들 사이의 왕래를 위해 도로를 내고, 골목을 정비하고, 서로를 위한 편의 시설을 마련하고, 급기야 이런 일들을 주관할 대표자를 선출하게 되고....

굳이 어렵게 생각하지 않아도 쉽게 짐작해 볼 만한 역사의 과정입니다. 도시 연구가인 마이클 피터 스미스Michael Peter Smith는 이런 '도시적 인간들'을 두고 '함께 환경을 만들며 살아가는 유인원'이라 표현하지요.

앞서 말했듯, 마인크래프트에서도 '생존'은 중요합니다. '서바이벌 모드'라면 더더욱 그렇습니다. 직접 나무를 캐고 자원을 수집해, 건축물을 지어 살아남는 것이지요. 이 모든 과정을 홀로 해내기란 쉽지가 않습니다. 서로의 협력이 절대적으로 필요하답니다. 그런 필요성 때문에 학생들도 모여 살기 시작했습니다.

처음에는 메타버스 캠퍼스의 시작 지점(영남대 중앙도서관)과 그리 멀지 않은 곳에 여러 집들이 생기더군요. 누군가 그 일대를 '학교를 벗어난 곳'이라는 의미에서 '종강(終講·강의를 마침)'이라 이름 붙이면서, 자연스레 일대의 마을화가 진행되었습니다.

역시나 각자 지은 주택들 사이에 좁은 도로가 나고, 가로등이 설치되더니, 공동으로 사용하는 우물 등의 편의 시설이 마련되었습니다. 우리의 선조들이 그랬던 것처럼 말이에요. 저희는 메타버스 캠퍼스를 통해 '도시적 인간'의 특성과 인류의 역사 발전을 단기간 내에 체험해버린 셈입니다.

시간이 흐르자 이런 식의 마을이 하나둘 더 생기기 시작했습니다. 각각의 다양한 매력을 가진 마을들 말입니다. 메타버스 캠퍼스를 찾는 인원이 더욱 많아지자, 첫 마을 '종강 마을'이 포화 상태에 이른 탓이었죠. 학생들은 새로운 마을의 부지를 찾아 나섰고, 서로 협력하며 새로운 마을을 개발해냈습니다.

나주평야를 닮았다는 '나주 마을', 하얀 눈으로 덮여 있는 '하얀', 서울 강남 같은 부촌을 꿈꾸는 '강남' 등. 각 마을은 자발적이고 민주적인 방식으로 촌장을 선출했고, 이 '촌장'의 존재는 학생들의 의중을 대표하는 중요한 역할을 수행했습니다. 단순한 소꿉놀이 같은 것이 아니었죠. 관리자인 저에게 학생들의 요구사항과 여론을 전달했고, 또 중요한 현안에 대해서는 거꾸로 제가 그들에게 의견을 구하기도 했답니다.

나주 마을의 아침 풍경

뭉순임당의 강남횟집

더 보르자크 호텔

또한, 이런 마을 안에는 학생들의 주거 공간 외에도 여러 편의시설과 상업시설들이 들어섰습니다. 마을 관청, 우체국과 같은 공공기관은 물론이고, '나주국밥', '강남횟집'과 같은 식당이나 'MD마트'와 같은 대형 슈퍼마켓, '하양 온천'이나 '포포의 하얀 게임센터', '더 보르자크 호텔' 같은 것들도 있었습니다. 이 모든 것들은 앞서 말한 것처럼, 철저한 경제 질서에 따라 움직이는 '기업'들의 일부이기도 했습니다.

- YUMC 행정구역 -

시(市) : 하주, 동백, 인장
촌(村) : 종강, 나주, 강남, 하양, 천마, 아침, 송강, 식당
도(島) : 이즈미 섬, 낙무아일랜드

이어서, 아직도 감이 잘 오지 않으시는 분들을 위해 저희 메타버스에서 유명한 몇몇 마을들의 세세한 모습과 역사를 간략하게 설명해드릴까 합니다.

종강 마을

종강은 가장 처음으로 만들어진 마을입니다. 메타버스 캠퍼스의 시작 지점인 영남대 중앙도서관과 그리 멀지 않은 곳에 위치해 있죠. 누군가 이 일대를 '학교를 벗어난 곳'이라는 의미로 '종강(終講·강의를 마침)'이라 이름 붙이면서, 자연스럽게 마을이 이루어졌습니다.

시작 지점에서 가장 가까운 곳에 있는 마을이다 보니, 굉장히 많은 학생들이 오래 전부터 이 일대에 집을 짓고 살았습니다. 메타버스 캠퍼스에서 처음으로 세워진 두 회사, '코도로무 컴퍼니'와 '디나이 인력사무소'가 바로 이곳에서 탄생했음을 들으신다면, 얼마나 많은 학생들이 살았던 곳인지 감이 오실 겁니다.

종강에는 대표적인 랜드마크로 '칼라똥의 성당'이 있습니다. 실제 노트르담 대성당을 모티브로 하였기에 굉장히 거대하고, 또 웅장한 자태를 뽐내지요. 마을 뒤쪽으로는 삼나무가 빽빽하게 들어선 거대 숲이 있었는데, 마을이 확장될수록 점점 숲의 면적이 줄어들더니, 결국에는 숲 전체가 다 개간되기에 이르렀죠. 그렇게 대규모 개간 공사를 하는 과정에서 '디나이 인력사무소'

가 설립됩니다.

회사는 개간된 토지를 기반 삼아, MD마트라는 대형 유통점을 함께 오픈했습니다. MD마트는 큰 인기를 끌었지만, 종강의 자본을 점차 잠식해 갔습니다. 종강의 촌장도 회사와 관계있는 학생이 선출되면서, '정경유착'에 대한 비판도 거세졌고요. 급기야는 토종 회사인 경쟁사 '코도로무 컴퍼니'가 본부를 다른 마을로 옮기기에 이르렀습니다. 그 이후에도 종강은 '가장 가까운 마을'이라는 지리적 이점을 살려 계속 발전을 이어가고 있지만, 동시에 '디나이 인력사무소의 자본에 잠식된 도시'라는 오명도 늘 따라다니고 있답니다.

나주 마을

한 학생이 만든 나주 홍보영상

학생들이 두 번째로 개척한 마을이 바로 '나주'입니다. 나주라는 이름은 '나주평야'로 유명한 실제 '나주'에서 따온 이름이지요. 그만큼 넓은 평원에 위치해 있다는 뜻입니다. 지금도 나주는 평지라는 이점을 살려 체계적인 개발이 이루어지고 있습니다. 규모 면에서나 인구 면에서나 종강에 버금가는 마을이라 할수 있죠. 그러나 어떤 의미에서 나주는 최초의 마을이기도 합니다. 법적으로 보호를 받는 실체가 된 첫 사례이기 때문이죠. 나주가 개척되던 초기에 마을의 토지를 둘러싼 분쟁이 크게 일어났는데, 이를 계기로 마을 제도가 공식적으로 만들어졌거든요. 마을의 성립으로만 따지면 당연히 종강이 먼저지만, 실제 '마을'로 승격된 것은 나주가 처음이라 할 수 있습니다.

　　그래서 나주 주민들이 가지는 애촌심도 상당합니다. 특히 종강과는 일종의 라이벌 구도를 형성하고 있죠. '최초'를 둘러싼 자존심 대결이랄까요? 그 애촌심이 얼마나 대단한지, 음악 전공의 학생은 나주의 테마송을 만들기도 하였고, 영상을 공부하는 학생은 나주를 홍보하는 영상을 만들어 유튜브에 올리기도 했답니다. 나주의 주요 랜드마크는 나주 마을의 경관을 구경할 수 있는 거대한 롤러코스터와 미야자키 하야오의 '하울의 움직이는 성'을 모티브로 한 거대 성채가 있습니다.

하양 마을

설원 지형에 위치한 하양 마을은 실제 영남대학교 인근에 존재하는 지명인 '하양'을 딴 것이지만, '눈이 많아서 하얀 곳'이라는 의미를 담았다고 합니다. 나주 주민이었던 환이가 나주 촌장 선거에서 떨어지자, 몇몇 친구들을 모아 독립해 꾸린 마을이지요.

하양은 계획적으로 관광 산업을 육성시켰습니다. 특히 일본식 온천과 료칸, 게임센터를 유치하면서 많은 학생들이 즐겨 찾는 곳이 되었지요. 중앙에 세워진 거대 부엉이상은 하양을 방문한 친구들이 꼭 기념사진을 찍는 곳이고, 하양의 맨손 격투장도 많은 인기를 끌고 있습니다. 명실상부한 '관광도시'라 할 만하죠. 하지만 많은 방문객에 비해 상주인구가 매우 적었고, 인구 미충족으로 인해 오랫동안 공식 마을로 승격되지 못했습니다. 일부 학생들이 만든 '친목 도시'라는 비판에도 휩싸였죠.

그러나 종강과 하양을 잇는 철도가 부설되고, 하양 기반의 향토 기업인 인민노력공사가 설립되면서 많은 학생들이 하양으로 유입되었습니다. 특히 인민노력공사와 하양 마을은 정책적으로 아파트를 지어 분양하는 신도시 사업을 벌였고, 그 결과 하양은 제4의 도시로 우뚝 설 수 있었습니다. 🚶

메타버스 사회 속
교통

　학생들이 건설한 각각의 마을은 지리적으로 떨어져 있었습니다. 학생들은 꼭 마을을 개척하면 다른 마을과 이어주는 도로를 함께 닦곤 했죠. 위에서 말한 '대규모 토목 공사'의 한 예시라 할 수 있습니다. 물론, 이 과정은 굉장히 지난했습니다. 터널을 뚫고, 지반을 평평하게 하고, 숲을 몇 개씩이나 없애야 했죠. 때로는 강과 호수를 메꿔야 했고요. 학생들은 이렇게 어렵게 만들어진 도로를 따라 말을 타거나, 도보로 통행하곤 했습니다. 그러나 통행에 소요되는 시간이 너무 길었고, 급기야 어렵게 만든 도로가 잘 쓰이지 않는 상황도 발생했습니다.

　이를 극복하고자 자동차나 비행기를 만들려는 노력도 있었습니다. 마나와 태용이라는 두 학생은 마치 라이트 형제처럼 비행기 실험을 하다 중앙도서관 건물을 부술 뻔한 대형 사고를 치기도 했죠. 아직까지 학생들이 자동차나 비행기를 개발해내지는 못했지만, 그 과정에서 학생들이 이루어 낸 교통 시스템을 소개해드리려 합니다.

가장 처음으로 고안된 것은 아예 도로를 미끄러운 얼음으로 덮어버리는 방법이었습니다. 얼음 위로 썰매(보트)를 타며 이동하자는 것이었죠. 메타버스 세계이기에 가능한 일일까요? 현실에서 이런 도로가 만들어진다면 오히려 통행에 큰 불편이 생길 텐데 말입니다. 학생들은 속도 면에서 굉장히 만족할 만한 결과를 얻어냈지만, 이 얼음 도로는 단점도 많았습니다.

우선 얼음이 녹지 않도록 얼음 지형에서 단단한 빙하 얼음을 공수해 와야 했습니다. 불 밝히는 광원에 녹을세라 밤에는 제대로 사용도 할 수 없었죠. 게다가 끊임없는 보수도 필요했습니다. 자칫 잘못하면 강으로 변하기 일쑤였거든요. 얼음 도로를 지하에 부설해 온도를 낮추는 식의 개선안도 등장했지만, 실제 위치나 외부 상황을 가늠하기 힘들다는 단점이 뒤이어 따라왔죠.

얼음 도로에 불편을 느낀 학생들은 결국 철도를 부설하기 시작했습니다. 왜 처음부터 철도를 만들지 않았냐고요? 철도를 부설하려면 굉장히 많은 양의 철이 필요했는데, 그 전까지는 전체 사회의 경제 규모가 그리 크지 않았거든요. 역까지 지어야 하니 시간도 배로 걸렸지요. 그럼에도 한 번 건설해두면 두고두고 편하게 쓸 수 있다는 장점이 있었습니다.

애초부터 몇몇의 개인 단위로 철도를 부설하는 건 어려웠기

하양의 얼음도로

에, 첫 철도 부설은 각 마을의 정책적 지원을 통해 이루어졌습니다. 일종의 국영철도인 셈이죠. 그러다보니, 1호선의 역은 학생들이 많이 거주하는 마을, 특히 경제적으로 윤택한 마을을 중심으로 배치되었습니다. 여기에 소외된 소규모 마을 학생들은 크게 반발하며 시위를 하기도 했죠. 결국 그 논란은 2호선 부설 때까지 계속 이어졌습니다.

아무튼, 철도의 등장은 메타버스 세계에서의 학생들의 삶에 큰 질적 향상을 불러왔습니다. 말을 이용하거나 썰매를 이용하는 등의 기존 교통은 완전히 철도로 대체되었죠. 전보다 더 쉽고 편하게 마을 간 이동을 할 수 있었습니다. 마치 산업 혁명이 일어났다 할 만합니다.

물론 저희가 만들어 둔 철도 시스템은 현실의 그것만큼이나 체계적이지는 못했습니다. 아니, 완전히 상이했습니다. 별도의 기관사가 열차를 운영하는 방식이 아니라, 직접 전동차를 타고 이동하는 형태였거든요. 조작은 간단했고, 역마다 전동차를 자동으로 생성할 수 있었기 때문에 배차 시간 같은 것도 필요 없었습니다. 오히려 현실 같았다면 더 불편했을지도 모릅니다. 한 번의 탑승을 위해 몇 분씩 기다려야 했을 테니까요. 메타버스 세계이니만큼 그런 것들로부터 완전히 자유롭게, 이상적인 교통을 구현할 수 있었습니다.

팔공선 해저터널 준공식 행사

이후 학생들의 경제적 자산이 올라가고, 정교한 회사들이 설립되며 자본의 운용이 자유롭게 되자, 높은 운임료로 운영되는 민자 노선도 여럿 건설되었습니다. 팔공철도교통의 팔공선과 호윤 학생이 만든 호윤선(단일 역)이 대표적이죠. 팔공철도교통이 부설한 팔공선의 경우, 현실에서는 보기 힘든 해저 터널을 준공하기도 하고, 개성 있는 역사를 만들어 그 곳에서 음식을 파는 등 단순한 교통수단이 아닌, 일종의 관광업과 연계한 참신한 시도를 이루었지요.

무엇보다 그들은 마을과 마을을 이어주기 위한 기존의 철도와는 달리 쉽게 찾아가기 힘든 지형이나, 기존 역과 역 사이의 환승을 위한 노선 수립에 힘썼습니다. 그래서 새로 신설된 역 주변에 새로운 마을이 개척되는 풍경도 만들어지더군요. 최근 팔공철도교통이 호텔 더 보르자크와 업무협약을 맺은 걸 보면, 그들이 그리는 미래가 어떤 것일지 벌써부터 궁금해지네요.

뭐, 여기서
생일 파티를 한다고?

그저 소꿉놀이 같은 게임을 한다고만 생각했지, 이렇게나 체계적일지는 생각하지 못했다고요? 아마 지금도 상상하시는 것 이상으로, 저희의 세계는 복잡하고 체계적으로 흘러가고 있을 겁니다. 메타버스는 단순히 현실의 반영에 그치는 것이 아니거든요. 오히려 그 현실을 뛰어넘고, 그것을 초월한 새로운 양식의, 새로운 세계니까요. 이곳에는 이곳만의 '현실'이 있습니다.

지금부터 더욱 매력적인 이야기를 들려드릴게요. 사실 이 메타버스 캠퍼스의 진가는 '소통'과 '만남'에서 더욱 두드러졌답니다. 현실에선 '너무나도 당연한 일상'이 불가능한 나날들이 이어졌지만, 이곳에선 모두가 학교와 회사를 열심히 다니고 있었습니다. 그것이 얼마만큼 현실을 닮아있는지, 또 얼마나 현실을 초월할 수 있는지 생각해 볼 기회가 되면 좋겠네요.

칼라똥의 생일파티

칼라똥의 생일파티 포스터

하루하루 바쁘게 살아가다 보면, 자신의 생일마저 무신경하게 넘어갈 때가 참으로 많더군요. 하지만 자기 의사와는 무관하게 아무도 만날 수 없고, 직접 축하도 받을 수 없다면, 그건 또 말이 다르겠지요. 세상 모두가 멈춰버린, 그런 암울한 시기라면 더더욱 슬플 겁니다. 2020년이 꼭 그랬답니다.

메타버스 캠퍼스의 일원이었던 칼라똥은 그 코로나 시국 한가운데서 생일을 맞이했습니다. '강남'이라 이름 붙여진 마을의 촌장이자 '칼라똥 에이전시' 대표였던 칼라똥은 '이왕 이렇게 된 거 크게 한 번 열어보자'고 마음먹습니다. 물론 메타버스에서 말이죠. 그래서 그는 자신의 마을, 강남의 한 빌딩을 통째로 빌려버렸습니다. 다른 학생들과 빌딩의 한 층을 파티장으로 꾸미고, 대형 케이크와 뷔페 음식, 멋진 음악을 연주할 피아노도 놓치지 않았죠. 그렇게 시작된 칼라똥의 생일 파티는 실제 현실에서 할 법한 파티를 규모 면에서나, 재미 면에서 훨씬 능가하고 말았습니다. 모두가 함께 아바타로 대면하며 직접 축하를 해주었음은 말할 필요도 없지요.

군대 송별회

탱탱의 군대 송별회

메타버스 캠퍼스를 다닌다고 해서 군대도 온라인으로 보내주지는 않더군요. 1년 남짓한 기간 동안 많은 학생들이 군에 입대했습니다. 함께 한 추억들을 정리하고, 소중한 배웅을 해주고자 매번 그들을 위한 송별회를 열어주었지요. 탱탱 학생의 송별회를 시작으로 시난 학생의 송별회, 이이잉 학생의 송별회 등.

평소 살던 집이나 별도의 강당에서 모여 격려의 응원을 건네는 식이었습니다. 실제 군대를 다녀온 선배들의 진심 어린 충고도 빠지지 않았지요. '군대 가기 전에 국밥 한 그릇 사주자'는 생각으로 메타버스 내 국밥집에 데려가거나, 메타버스 내 노래방에 가서 '이등병의 편지'를 부르는 것도 단골 코스였습니다.

송별회 행사를 겪은 한 친구는 이렇게 말하더군요. '메타버스가 아니었다면, 많은 사람들의 배웅을 받기 힘들었을 것'이라고요. 코로나 시국과 관계없이 현실에선 오직 한 사람만을 위해 대규모 인원이 모이기가 쉽지 않습니다. 시간적, 물리적 제약이 있을 뿐더러 많은 인원을 수용할 수 있는 공간을 빌리는 것도 마땅치 않거든요. 적어도 메타버스는 그런 많은 제약으로부터 아득히 초월해 있습니다.

여담으로, 저희 메타버스 캠퍼스는 송별회 이후에도 군대에 간 학생과 그렇지 않은 학생들을 이어주는 매개의 역할을 충실히 담당했습니다. 늘 아바타를 통해 메타버스 공간에서만 만남을 이어왔기에 거기서 소식을 주고받는 것도 당연한 일이었죠. 다들 알고 계시는 것처럼, 훈련소에 입소하면 외부와의 연락은 완전히 차단되고 맙니다. 바깥소식을 알고, 자신의 상황을 알리는 유일한 수단은 오로지 '편지'밖에 없죠. 하지만 닉네임과 아바타에만 익숙한 이들은 서로에게 편지를 보내는 것조차 어려워했습니다. 인터넷 편지라도 보내려면 실명과 생일 등을 알아야 하는데, 메타버스 캠퍼스 속에 그런 정보가 있을 리가요.

그래서 저희는 군대 간 학생에게 편지를 수합해서 보낼 연락책을 한 명 뽑았습니다. 그 연락책은 사전에 군대 가는 학생들의 정보를 알고 있어야 했고요. 나머지 학생들이 메타버스 속에서 편지를 쓰면, 그것을 연락책인 친구가 출력해 편지로 부치는 식이었습니다. 돌아온 답장도 동일한 방식으로 메타버스 캠퍼스 한 벽면에 크게 걸렸습니다. 그 속에는 다소 고전적인 방식이 깃들어 있기는 하지만 그 자체로 굉장히 재미있는 시도였지요.

추석맞이 행사

코로나 시국은 추석 풍경도 예년과는 많이 달랐다지요. 고향 방문을 자제하는 분위기가 확산되면서 집에 머무는 학생들이 많아졌습니다. 가족 친지들과 함께하지 못하는 아쉬움을 달래고자 모두가 한마음으로 추석 행사를 기획했습니다. 함께 커다란 한옥을 짓고, 각자의 한복을 디자인하기 시작했죠. 디자인을 잘 못하는 학생들은 메타버스 내 화폐를 통해 아바타 디자인을 거래하기도 했습니다. 현실에서도 추석이라고 한복까지 잘 갖춰 입지는 않는데, 유건과 정자관 등의 전통 복식까지 철저히 고증한 모습은 그야말로 '대한민국의 내로라하는 종가집도 울고 갈 수준'이었죠.

합동 제례를 준비하는 학생들

2021년 추석 차례 행사

학생들은 단순히 추석 풍경을 흉내 내는 데에 만족하지 않았습니다. 한데 모여 합동으로 제례를 올리고 성묘를 진행하기도 했거든요. 그 과정에 대해서는 동양철학 전공 교수님들께 자문을 구하기도 했습니다. 제사상에는 송편과 과일, 고기 등 현실

제사상에서 볼 법한 음식들이 예절에 맞게 올라갔지요. '모든 조상님 신위'라 써진 지방과 청주도 빠지지 않았고요. 함께 차린 밥상에서 식사를 한 뒤, 널뛰기와 화투 등의 민속놀이가 이어지기도 했지요. 저희는 단순한 '재연'의 범주를 넘어 저희만의 방식으로, 메타버스를 통해 온전한 추석을 보내었습니다.

<메타버스 제사, 예법에 맞을까?>

저는 철학을 공부하는 사람입니다. 특히 유교에 관심을 두고 있다 보니, 남들은 그냥 넘기기 쉬운 지점들도 '유교식 예법'에 맞는지 괜스레 고민할 때가 있지요. 물론 지켜야 한다는 강박보다는 학문적 호기심에 더 가깝지만요. 메타버스에서 추석을 보내면서도 그런 생각이 들더군요. '메타버스로 제사를 진행해도 괜찮은 걸까?' 『주자가례』를 비롯한 옛 경전에는 '메타버스로 제사를 지내도 된다'는 식의 이야기는 등장하지 않습니다. 그러지 말라는 이야기도 없고요, 당연한 얘기입니다. 메타버스는 고사하고 인터넷도 없을 시절에 그런 이야기를 할 리가요. 하지만 '메타버스 제사'가 예법에 어긋남이 없음을 추론할 수 있는 내용은 있습니다.

공자는 『논어』 팔일편에서 다음과 같이 말합니다. '내가 제사에 함께하지 못하면, 제사를 지내지 않은 것과 같다.' 이는 제사에 있어 스스로의 능동적인 참여가 중요하다는 의미를 지닙니다. 예법대로 제사를 행해도 남을 시켜 제사를 지내거나, 제사를 준비함에 스스로 정성을 쏟아 붓지 못하면 아무런 의미가 없다는 것이지요. 북송 시대의 유학자 범조우^{(范祖}禹)는 이러한 공자에 언급에 대해 '정성이 실제요, 예는 허상일 뿐'이라는 코멘트를 답니다. 다시 말해, 중요한 건 정성스러운 마음가짐이지, 예법에 얽매이는 것이 아니라는 말입니다.

학생들이 만든 메타버스 제사상

저의 지도교수님이신 영남대학교 철학과 최재목 교수님도 '과거에도 환란이 있으면, 물만 떠놓고 제사를 지내는 경우도 있었다. 메타버스에서 제사를 지내든, 현실에서 제사를 지내든 중요한 것은 그 마음가짐이라 할 수 있다'는 의견을 보내주셨습니다.

실제로 정부에서도 국가보훈처를 중심으로 '온라인 참배 서비스'를 제공하고 있습니다. 코로나 시국에 성묘나 제사가 어려운 이들을 위한 것이지요. 저도 한 번 들어가 봤는데요, 온라인상에서 제사상 이미지를 불러와 추모를 할 수 있는 공간이었습니다. 그런데 그저 이미지와 텍스트의 다발보다는, 학생들이 직접 정성을 담아 차린 메타버스 속 제사상이 조상님 보시기에 더욱 좋지 않을까, 하는 발칙한 생각이 드네요.

크리스마스 행사

크리스마스 행사 포스터. 배경이 바로 학생들이 직접 지은 크리스마스 마을이다.

크리스마스 파티를 마치고 찍은 단체 기념사진

메타버스, 온라인 속 가상세계가 갖는 장점 중 하나를 꼽자면, '물리적, 공간적 제약으로부터 자유롭다'는 점이 있겠네요. 그런 장점을 십분 활용한 것이 바로 저희들의 크리스마스 행사였습니다.

현실에서의 크리스마스 파티라면 기껏 해봐야 파티룸을 빌려 크리스마스 장식을 다는 것이 최선이겠지만, 저희는 이 메타버스 캠퍼스 안에 '눈 덮인 북유럽'을 통째로 옮겨 놓았거든요. 크리스마스만을 위한 하나의 마을을 만든 셈이죠. 중앙에는 거대한 트리를 마련했고, 그 주변으로 북유럽풍 주택들을 여러 채 건설하였습니다. 길 중간에는 각양각색의 겨울 장식들을 입혔고요. 그렇게 완성한 공간 속에서 다양한 크리스마스 놀이와 파티를 진행하며, 저희는 그 어느 때보다 따뜻하고 즐거운 크리스마스를 보낼 수 있었답니다.

송년의 밤 클럽

크리스마스 행사가 끝난 직후였죠. 지난 1년간 가상 세계에서의 만남을 이어오다 보니, 한 해의 마무리도 조금은 특별한 방식으로 진행하고 싶더군요. 고민 끝에 탄생한 아이디어가 바로 '클럽'을 만드는 것이었습니다. 코로나 시국에서 현실이라면 꿈도 못 꿀 일이었겠지만, 이곳에서 불가능이란 없었습니다.

메타버스 속 클럽에서 신년을 맞이하는 학생들

　신나는 노래에 맞춰 춤을 추고, 술을 마시며 함께 카운트다운을 하자는 계획이었죠. 학생들은 금방 메타버스 캠퍼스 속에 클럽을 만들기 시작했습니다. 실제 클럽을 가본 적 있는 학생들이 선두 지휘하며, 사소한 인테리어 하나하나에 신경 썼죠. 입장 안내요원, 바텐더, DJ 등의 역할도 나누어 맡으며 멋진 '송년의 밤 클럽'을 준비했습니다.

　12월 31일, 밤 23시. 그렇게 이곳에선 광란의 송년 파티가 열렸습니다. 마치 현실처럼 메타버스 속 술을 마시며 화장실을 들락거리는 학생이 있는가 하면, 현실에서는 어려운 높이의 점프를 자유자재로 하며 신나게 즐기는 학생도 있었습니다.

신년 해맞이

온라인 세상 속에서 바라본 2021년 첫 해

선글라스를 끼고 일출을 바라보는 학생들

송년의 밤 파티를 무사히 보내고, 학생들은 바로 다음 날의 계획을 준비했습니다. 내용인즉슨 '1월 1일 아침, 영남대학교가 위치한 경산시의 일출 시각에 맞춰 게임 내 해돋이를 보는 것'

마인크래프트 속 세상도 현실과 동일하게 해가 뜨고 지니까요. 하지만 문제는 그곳과 현실의 시간이 동일하게 흘러가지 않는다는 점이었죠. 현실에서의 1분은, 그곳에서의 1시간을 의미했습니다. 하루가 24분이었던 거죠. 해가 빠르게 뜨고 지는 것은 말할 것도 없고요. 별다른 묘안이 없었던 저희는 세계 속의 시간을 멈춰두고, 수동으로 일일이 현실 시간과 맞춰 세팅하는 방법을 취했습니다. 조금이라도 시간을 놓치면 의미가 퇴색될까, 밤을 꼬박 새가며 수차례 테스트를 진행했지요.

일출 시각인 7시 36분을 앞두고 많은 학생들이 차례로 다시 메타버스에 접속했습니다. 맨눈으로 보는 온라인 태양에 눈을 다칠세라⑦ 선글라스도 준비해 오더군요. 이내 예정대로 아침이 밝아오기 시작했습니다. 채팅으로 저마다의 소원을 이야기하며 신년의 행복을 빌었습니다. 실제 창문 너머의 세상도 점차 밝아졌고, 저희 모두 두 세상이 조화롭게 맞물린 풍경을 보며 많은 생각들을 했습니다. 이렇게 함께 마주한 메타버스 세상 속의 일출 풍경을 그 누가 쉽게 '가짜'나 '거짓'이라 말할 수 있을까요?

온라인 입학식

코로나가 극심한 시기에 입학한 20학번을 흔히 '미개봉 중고품'이라 부르더군요. 중고거래 사이트에서 흔히 쓰는 말로 '포장조차 뜯지 못한 새 물건'을 의미합니다. 입학은 했음에도 정작

학교를 가지 못한 이들을 익살스럽게 부르는 표현이지요.

그러나 적어도 메타버스 캠퍼스에 들어온 친구들만큼은 이 '미개봉 중고품'이라는 수식에서 자유로울 수 있었습니다. 한 해 동안 저희 메타버스 캠퍼스가 만들어냈던 의미 가운데 가장 뿌듯했던 것이 바로 '코로나로 인해 학교에 가지 못한 신입생들에게 멋진 캠퍼스 라이프를 선사했다는 점'이었거든요.

그렇게 다사다난했던 한 해를 마치고 2021년이 되었습니다. 새로 입학하는 21학번 친구들에게도 '미개봉 중고품'의 악몽이 재연되지는 않을까, 모두가 걱정하는 마음으로 지켜보는 그런 상황이었습니다. 다행히 작년보다는 코로나 상황이 많이 좋아졌다지만, 여전히 신입생들을 위한 갖가지 행사나 기회들은 감염 확산의 위험으로 열리지 않았지요. 그 중 하나가 바로 '입학식'이었습니다.

저희는 20학번 친구들과 함께 보낸 소중한 경험을 발판 삼아, 21학번 친구들을 위한 입학식을 열기로 했습니다. 20학번들도 곧 메타버스 캠퍼스 내 후배가 생긴다는 사실에 크게 들떠 있었죠. 모두가 합심해 실제 입학식이 열리는 학교 건물을 구축하였고, 내부 대형 홀에는 학생들을 환영하는 큰 현수막과 단상, 제반 시설 등을 설치했습니다. 학생들을 모집하기 위해 온라인 커뮤니티에 글을 올리거나, 단과대 학생회 임원들에게 전화를 일일이 돌리는 수고도 마다하지 않았지요. 21학번들이 실제 입학식에서 느낄 수 있는 감정들을 동일하게 가질 수 있길 바랐습니다.

가상 천마아트센터 홀에 앉은 21학번 새내기들

 2주간의 준비 끝에, 드디어 입학식 당일이 되었습니다. 실제 입학식 날짜보다도 늦었고, 참여한 신입생 수도 민망할 정도로 적었지만, 축하와 환영의 마음은 실제 현장보다 더 뜨거웠지요. 참여자가 동시접속 가능인원을 훨씬 초과할 정도였으니까요. 현실에서는 지루할 법도 한 행사였지만, 최대한 재미있고 유익하게 진행하고자 노력했습니다. 입학식에서의 축사와 환영사 등은 재학생들의 환담과 경험담 공유로 대체되었고, 국민의례, 교가 제창, 신입생 선서 등은 실제처럼 이어졌습니다. 재학생들의 환담 시간에는 신입생들과 밥 약속을 하는 훈훈한 광경도 펼쳐졌습니다.

온라인 입학식 기념사진

모든 행사가 마무리된 뒤에는 메타버스 캠퍼스를 투어하는 시간이 마련되었습니다. 난생 처음 참여하는 '온라인 입학식'에 신입생도, 재학생도 정말 잊을 수 없는 추억으로 자리 잡았습니다. 온라인 입학식을 통해 메타버스 캠퍼스에 '입학'한 친구들은 실제 오프라인에서의 만남으로 이어지기도 하며, 여전히 좋은 선후배 관계를 유지하고 있답니다. 🧍

동아리 활동도 메타버스에서

캠퍼스 라이프의 꽃은 누가 뭐래도 '동아리'가 아닐까요? 각각의 개성을 지닌 여러 학생이 한데 모여 공통의 취미와 관심을 공유하다 보면, 사회에서는 쉬이 만들기 어려운 경험과 추억들이 수도 없이 만들어지기 마련이죠. 그런데 아뿔싸! 코로나가 이 모든 걸 막아버렸습니다. 그 불행과 난관을 극복해낸 것도 바로 저희의 메타버스 캠퍼스였다는 사실은, 굳이 제가 언급하지 않아도 예측하실 수 있겠지요? 몇 가지 이야기들을 소개해드릴게요.

우리에겐 음악이 필요해

공교롭게도 저희 메타버스 캠퍼스를 찾아 준 이들 가운데에는 학내 락밴드 동아리(코스모스)의 회장을 맡고 있는 학생이 있었습니다. 매년 학교 축제나 여러 페스티벌에서 활약하는 유명 동아리였죠. 지속되는 코로나 시국에 더 이상 대중 연주가 어려워지자 몸이 근질근질했던 모양입니다. 결국 그 친구와 음악을 좋아하는 학생들 몇몇이 주축이 되어, '메타버스 캠퍼스 내 밴드 동아리'가 결성되기에 이르렀지요.

이른바 그 이름도 비범한 '떼껄룩Take a look'이었습니다. 학생들은 각각 저마다의 악기를 설계하고, 복잡한 코딩 작업을 해내더니, 금방 악기 연주 시스템을 마련해냈습니다. 본래 마인크래프트 내에도 음악을 연주하는 시스템은 있었지만, 굉장히 어렵고 번거로웠거든요. 일상에서 쉽게 보는 리코더와 드럼, 실로폰, 기타 등을 만들어낸 건 순전히 학생들 노력의 결과였습니다.

떼껄룩의 홍보 포스터

밴드 떼껄룩은 앞서 소개한 여러 행사들 속에서 큰 활약을 선보였습니다. 자칫 심심하게 끝날 수 있는 행사들을 멋지게 장식했죠. 물론 현실과 마찬가지로 많은 연습과 리허설이 필요했습니다. 그저 자동으로 음악을 재생시키는 것은 아니었으니까요. 만약 그런 거라면 '밴드'라 부를 이유가 없었지요. 드럼을 맡은 친구가 열심히 박자를 쳐주면 리코더와 기타를 맡은 학생들이 일일이 코드와 계이름을 눌러대며 손수 연주하는 방식이었습니다. 그런 식으로 밴드 동아리원들이 연주해낸 곡들만 해도 '베토벤 – 환희의 송가'와 뽀로로 주제곡을 포함하여 수십 개에 이르렀습니다.

바른생활 신조! 자기관리 동아리

앞서 살펴 본 밴드 동아리가 액티비티성이 강한 것이었다면, 이번에 소개드릴 '바고캠(바른생활 고운말 캠프)' 동아리는 조금 결이 다르다고 할 수 있겠네요. 바고캠 동아리는 꼬꼬 학생이 중심이 되어 '학생들의 언어습관을 개선'하려는 목적으로 만들어졌는데요, 적극적인 활동을 하기보단 '바른 생활'과 '고운 말을 쓰자'는 캠페인의 형태에 더욱 가까웠습니다. 바고캠 동아리 소속 학생들은 매주 동아리실에 비치된 책에 자신이 한 주간 얼마나 바른 행동을 했는지, 그리고 얼마나 고운 말을 했는지를 적고 공유하는 시간을 가졌습니다. 바른 생활을 신조로 한 자기관리 동아리였던 것이죠. 학생들은 이런 활동을 통해 자신이 얼마나 더 나은 사람이 되어 가는지, 또 더 나아질 수 있는지를 확인하고 성취해냈습니다. 지속되는 코로나 시국 속에서도 끊임없는 성찰과 반성, 삶의 개선이 가능했던 것은 오로지 바고캠 동아리 덕택이었죠.

메타버스에서 이루어지소서

융씨 신우회 동아리방의 포스터

코로나 시국 속에서 멈췄던 것은 학교만이 아니었습니다. 종교 생활의 어려움도 컸죠. 메타버스 캠퍼스 내에 있었던 몇 명의 크리스천 친구들이 머리를 맞대고 신우회 동아리를 결성했습니다. 마을 구석진 곳에 작은 교회를 짓고, 지하에는 동아리 모임을 위한 작은 공간을 마련한 것이죠. 실제 예배나 종교 행사가 가상 교회에서 개최되지는 않았지만, 매주 일요일 저녁마다 지하 동아리방에 모여, 성경 구절을 나누고 기도하는 모습은 신자가 아닌 학생들의 눈에도 굉장히 재미있고, 신기하게 보였습니다.

그래서였을까요? 가끔은 신자가 아닌 학생들로 동아리방이 가득 차는 진풍경이 연출되곤 했습니다. 그 외에도 신우회 학생들은 크리스마스 행사 준비를 자발적으로 진행하고, 빵 무료 나눔 행사를 실시하는 등 여러 활동을 이어갔습니다.

연극동아리 윰씨극단

윰씨극단은 실제 학내 연극 동아리 소속이었던 뽀짝킹 학생이 주축이 되어 만든 동아리입니다. 떼껄룩 동아리처럼 현실에서 이루어지지 못하는 동아리 활동을 메타버스 상에서 이어가려는 노력의 일환이었죠. 여러 가지 기술적 난점 때문에 실제로 많은 공연을 하지는 못했지만, 그들이 최초로 진행했던 '개리는 북극곰을 사랑해' 공연의 경우, 시나리오도 훌륭했을 뿐 아니라 제법 현실과 흡사한 퍼포먼스를 보여주었습니다.

실제 연극 동아리에서도 사용하기 힘든 학내 대형 홀을 빌렸고, 순간이동 등의 연출도 세세하게 구현할 수 있었죠. 배경이 순식간에 바뀐다든가, 무대가 갑자기 사라지는 등의 연출은 애교 수준이었습니다. 그 과정에서 재미있는 에피소드도 있었는데요, 주연 배우를 맡았던 개리 학생이 극에 등장하는 북극곰을 실수로 해치고 만 것이지요. 공연은 재미있게 끝났다지만, 개리 학생은 '북극곰 폭행 혐의' 때문에 따로 '대국민 기자회견'을 열어야만 했습니다.

연극 '개리는 북극곰을 사랑해'

개리의 대국민 기자회견

독도동아리

가상의 동아리가 아니라, 실제 동아리의 활동 무대가 메타버스 캠퍼스로 고스란히 옮겨진 경우도 있었습니다. 바로 영남대학교 독도동아리 '등불'이었죠. 매년 왕성한 활동을 이어오던 동아리가 코로나로 인해 오프라인 행사를 열 수 없게 되자 '메타버스 실험'에 돌입한 것입니다. 등불은 저희 메타버스 캠퍼스와 협력 관계를 구축했고, 저희도 여러 기술적 지원을 보탰습니다. 동아리 부원들은 메타버스 내에 독도전시관을 개관하고, 독도 인물 아바타를 만들거나 메타버스 공간에서 여러 회의를 진행하곤 했습니다.

독도전시관을 둘러보는 학생들

독도동아리 회의 모습

그 중에서 부원들이 야심차게 준비한 '독도전시관'은 분명 특기할 만한 것이었습니다. 부원들은 직접 독도에 대한 상식을 담은 판넬과 독도 모형 등을 제작해, 이를 모델링 작업으로 메타버스 세계에 불러왔습니다. 중앙도서관 근처에 임시 전시관을 세우는 것도 학생들의 노력이었죠. 이를 통해 많은 영남대 학생들이 손쉽게, 방에 앉아 독도를 즐겼습니다. 한 관람객 친구는 '언택트 시대에 맞는 독도 홍보'라는 극찬을 했지요. 독도동아리는 앞으로도 계속 메타버스 속 활동을 이어갈 것이라 합니다. 나중에는 메타버스를 통한 '독도 대축전'을 기획하고 있다는데요, 앞으로의 활동이 더욱 기대됩니다.

메타버스 속
사건과 법

어디에서나 '법'은 굉장히 중요합니다. 개개인의 권리를 보호하고, 사회의 안정과 질서를 유지하기 위해 최소한의 약속과 제도는 필요하니까요. 작은 집단에서도 그에 걸맞은 규칙이 필요하고, 큰 집단일수록 그 법은 더욱 세밀해질 수밖에 없습니다. 약 300명의 학생들이 터전을 잡은 메타버스 공간에서도 법은 꼭 필요한 것이었습니다. 앞서 말했던 것처럼, 그 메타버스에서 경제 활동을 비롯한 여러 사회 활동이 이루어지고, 도시나 회사 등이 출현하다 보니, 그 중요성은 나날이 커져만 갔죠.

처음에는 그저 불법 프로그램 사용을 규제하거나 서로 간의 분쟁을 해결하는 데에만 초점을 두고 있었지만, 상호 계약·거래나 토지 문제에 대한 조항이 신설되고, 법을 집행하고 판단하는 기구와 절차에 대한 명시, 도시의 시장에 대한 소환과 탄핵 조항까지 생겨나기에 이르렀습니다.

매번 새로운 조항을 신설하거나 기존 내용을 개정할 때마다 '이만하면 손보지 않아도 되겠다'고 생각했지만, 현실은 늘 따라주지 않았습니다. 매번 예상하지 못한 형태의 분쟁이나 사건이 발생했거든요. 그래서 이른바 '법률 논쟁'도 끊이지 않았습니다. 그것을 어떻게 해석하고 적용할 것인가, 현실에서 판사나 변호사, 검사 등이 얼마나 머리를 싸매는지 알 것 같더라고요. 대표적으로 기억에 남았던 논쟁 몇 가지를 소개해 볼게요.

학생들의 회의가 이뤄지는 장소

새로운 아바타 논쟁

이미 앞서 소개를 해드린 바 있습니다. 한 학생이 악성 프로그램으로 메타버스 속 질서를 교란시켰고, 규칙에 의거해 추방했으나, 새로운 아바타로 다시 접속한 사건입니다. 정확하게는 플라이 핵Fly Hack이라는 것을 사용하여 다른 학생들은 쉽게 얻을 수 없는 보상을 단숨에 얻어버렸고, '플레이에 영향을 주는 변조 프로그램, 핵, 모드 금지. 적발 시 영구 추방'이라는 규칙에 의해 추방된 것입니다. 그러나 그 학생은 언제 그랬냐는 듯 태연하게, 새로운 아바타를 만들어 다시 메타버스 캠퍼스에 접속했습니다.

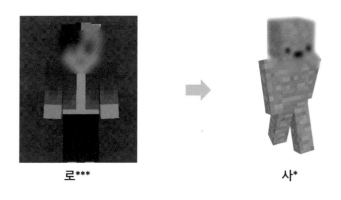

로***   사*

　당시 그 학생의 논리는 그랬습니다. '제재를 받고 추방당한 건, 이전의 아바타다. 나는 새로운 아바타로 들어왔으니, 이 아바타는 새로운 삶을 살 자격이 있다.' 이는 아바타의 법률적 지위 또는 존재론적 지위에 관한 고도의 학문적 논쟁으로도 이어질 수 있는 문제였습니다. 과연 그 아바타가 무엇이냐는 말이죠. 이 사건은 저희 메타버스 캠퍼스가 맞이한 '최초의 범죄사건'이었습니다. 그래서 어떻게 대처해야 할지도, 관련된 규칙도 미비한 상태였죠.

무엇보다 당시는 캠퍼스 설립 초기였기에 모두가 서로의 얼굴을 현실에서 한 번도 본 적이 없는, 그래서 오직 아바타만으로 서로를 인식하고 이해하던 단계에 있었습니다. 그런 상황에서 그 학생의 논리는 우스우면서도 쉽게 타파하기 어려운 것이었습니다. 분명 같은 사람이 맞는데도, 많은 학생들은 달라진 아바타와 이름만을 보고 그를 '완전히 다른 사람'으로 인식했습니다. 마련되어 있던 규칙 또한, '제재의 대상'이 '아바타'인지, '아바타를 조종하는 사람'인지에 대해 굉장히 모호하게 서술되어 있었습니다. 오히려 그 '아바타'에 해당하는 것으로 비추어질 여지가 컸습니다.

이러한 문제가 알려지자, 학생들 간에도 큰 논쟁이 벌어졌습니다. '그래도 같은 사람아니까 제재해야 한다'는 쪽과 '그렇게 적극적으로 규칙을 해석할 수 없다. 우리는 아바타로 살고 있다'는 쪽이 치열하게 부딪혔죠. 당시 제가 올렸던 공지 문구에서 이런 고민의 흔적을 읽을 수 있습니다.

규칙에 근거해 영구 추방 처리를 하였습니다. 그러나 새로운 부 계정으로의 접속 건에 대해서는 제재를 가하기 어려운 점을 확인 하게 되었습니다. 규칙이 미비한 탓이지만, 또 굉장히 논쟁적일 수 있는 부분이라 생각합니다. 규칙을 최대한으로 해석하여 동일 인물임이 확정된다면 동일한 추방 처리를 하는 것이 맞지 않느냐는 의견도 많으신 걸로 압니다. 그 또한 충분히 이해가 갑니다.

그러나 저희 관리진은 '규칙이 최소한 소극적으로 해석되어야 마땅하다'고 판단을 내렸습니다. 적극적으로 해석하여 명시되지 않은 부분까지 처벌할 수 있다고 판단하고, 그런 처벌을 행하게 된다면, 그것은 앞서 말씀드렸던 '자의적인 판단'에 해당하는 월권행위와 다름이 없을지도 모릅니다. 언제든지 저희 관리진이 규칙을 고무줄처럼 변용하여 해석할 수 있으니까요. 당연히 그래서는 안 됩니다.

- 공식 디스코드 채널의 2020.03.25 공지사항 中

결과는 위 공지 내용을 보며 예상하셨겠지만, 기존의 규칙으로는 새로운 아바타를 처벌할 수 없다는 결론에 도달했습니다. 이미 정해져 있는 규칙을 너무 적극적으로 해석하다 보면, 결국 새로운 법을 임의로 만드는 것과 다르지 않게 되고, 법질서의 근간이 무너질 수 있다는 많은 이들의 우려 때문이었습니다. 여전히 불만을 가진 학생들도 많았지만, 여러 차례의 공청회 개최와 협조를 구한 끝에 잘 마무리가 되었습니다. 소급 적용은 어려웠지만, 후에 규칙을 '새로운 아바타도 처벌할 수 있도록' 개정하기도 했고요. 처음으로 일어난 범죄였고, 동시에 처음으로 일어난 법률 논쟁이었기에, 더 치열할 수밖에 없었습니다. 그리고 이토록 치열하게 고민한 끝에 판단을 내렸기에, 저희 메타버스 캠퍼스에는 그 어떠한 상황에서도 법과 질서를 따라야 한다는 원칙이 세워지게 되었습니다.

만일 이때, 제가 기존의 규칙을 무시하고 임의대로 새로운 아바타를 추방해버렸다면 어떻게 되었을까요? 당장은 머리 아픈 문제를 해결했다는 안도로 넘어갔을지 모르지만, 세워둔 규칙들이 유명무실한 껍데기처럼 되었을지도 모르는 일입니다. 관리진조차 법을 지키지 않는데 누가 그 법에 따를까요? 이런 사건이 있었기에 저희의 메타버스가 더욱 건강하고, 멋지게 자리 잡을 수 있었던 것이라 생각합니다.

아, 그래서 학생은 어떻게 되었냐고요? 결국 자신을 둘러싸고 벌어지는 논쟁의 중심에서, 그 무게를 견디지 못하고 자취를 감추고 말았습니다. 새로운 삶을 기대했던 그의 새 아바타의 심정만 처량하게 되었네요.

땅 사재기가 만들어 낸 변화들

앞서 살펴본 것처럼, 학생들의 메타버스 공간에는 주거를 위한 집과 마을이 자연스레 만들어졌는데요, 이 과정에도 생각보다 복잡한 진통이 있었답니다. 초기 마을은 법적으로 어떠한 규제도 없었고, 동시에 어떠한 법적 보호도 받지 못했습니다. 그냥 자연스럽게 발생한 것이었으니까요. 학생들이 언제부터 자신들의 거주 구역을 '마을'이라 불렀는지도 정확하지 않습니다. 문제는 그런 '마을'에 대한 일부의 인식이 전체로 확산되고, 그것을 모두가 실체로 여기기 시작했을 때 발생했죠.

'나주'라는 마을이 있었습니다. 나주평야처럼 광활한 초원이라는 뜻에서 붙여진 이름이었죠. 초기 나주를 개척한 이들은 근방의 숲을 베고, 도로를 내어 자신들의 터전을 넓히기 시작했습니다. 그런데, 한 학생이 사고를 치고 만 겁니다. 나주 마을의 근처 땅들을 죄다 사버리고 만 것이지요. 소위 말하는 '사재기'였습니다. 국유화된 토지는 모두 동일한 가격으로 판매되고 있었고, 그런 땅을 구입해 개인 간 부동산을 거래하는 것에는 당시 아무런 제한이 없었습니다. 적어도 한 사람이 그렇게 나주 인근의 땅을 독식하고, 그것을 매우 비싼 가격에 되팔기 전까지는 말이죠.

나주를 개척하던 많은 친구들은 비상이 걸렸습니다. 나주 마을을 확장하려면 그 친구에게서 거금을 주고 땅을 사지 않으면 안 되었으니까요. 누군가는 울며 겨자 먹기로 거금을 들여 땅을 매입하기도 했지만, 그런 일이 반복되자 나주 학생들의 불만이 커질 수밖에 없었습니다. 토지세를 거둬야 한다거나, 땅을 구입할 수 있는 횟수에 제한을 둬야 한다는 식의 여론이 일기도 했습니다. 학생들 간의 대립이 커졌음은 말할 필요도 없고요. 저 또한 그런 사태를 관망하기만 할 수는 없었습니다. 공청회를 열어 학생들의 의견을 청취하는 자리를 가지기로 했지요.

관리자님 안녕하세요?
관리자님께서도 아시다시피 토지 문제는 정말 민감하다고 생각합니다.
마을의 발전에 꼭 필요한 토지인 만큼, 이는 정확하게 짚고 넘어가야 한다고 생각해 관리자님께 조심스레 건의드려봅니다.

지금 개발중인 땅들 중 일부 사람의 땅이 군데군데 겹쳐 개발이 반강제적으로 중단되고 있는 상황이고, 이로 인해 나주마을 주민들의 불만이 빗발치고 있습니다.
그래서 나주마을 주민들과 회의를 하였고, 회의 결과 사람들이 밀집되어 있는 곳 주변에 지속적으로 땅을 사서 개발을 막는 것에 대한 예외적인 조항을 넣어야 한다는 결론이 나왔습니다.

토지 문제 해결을 촉구하는 학생들의 메시지

공청회를 열겠다는 소식에 나주 학생들은 자발적으로 자신의 지도자를 선출했습니다. 여러 사람이 저마다의 주장을 내세우면, 현안이 바로 해결될 수 없다는 위기의식 때문이었을까요? 그렇게 나주의 초대 촌장 탱탱과 저, 몇 명의 이해당사자들이 공청회에 참여해 의견을 개진했습니다.

나주 측에서 요구한 것은 두 가지였죠. '마을의 법적 지위 부여'와 '마을 토지 거래 상한제'였습니다. 나주 학생들은 이러한 사태의 발생이 '제도적으로 마을이 보호받지 못하는 현실'에 있다고 지적한 것입니다. 이는 꽤 적확한 지적이었습니다. 여러 회의와 의견 수렴 끝에, 결국 나주 학생들의 요구가 관철되었지요. 마을은 법적으로 보호를 받는 실체가 되었고, 마을의 범위는 법에 의해 규정(마을 중심에서 반경 200블록)되었습니다. 마을의 대표자인 촌장도 법적 지위를 갖게 되었고요. 무엇보다 중요한 것은 마을의 토지를 거래하기 위해서는 해당 마을의 촌장이 정한 '제한가격'보다 높은 가격을 설정할 수 없었습니다. 마을 촌장은 그 제한 가격을 변경할 때마다 공식 홈페이지에 반드시 그 내용을 고시해야 했고요.

땅을 사재기했던 학생은 크게 돈을 한번 벌어 볼 심산이었겠지만, 그의 뜻은 이루어지지 못했습니다. 오히려 이름뿐이었던 '마을'에 제도적 지위를 안겨다 주었죠. 동시에 촌장과 같은 정치권력이 등장하게 되었고요.

<마을에 대한 규칙>

모든 플레이어는 마을에 속하거나 속하지 않을 권리를 가짐. 마을의 구성원이 되기 위해서는 해당 마을에 토지를 소유하고 있거나 공유받고 있어야 함. 마을의 전입과 전출은 해당 마을의 촌장에게 신고하면 됨. 단, 플레이어는 실거주지와 관계없이 소속 마을이 중복될 수는 없음.

- 마을의 법적 정의는 아래와 같음.
1. 5명 이상의 플레이어가 실거주하는 영역으로, 그 크기는 중심으로부

터 반경 200~300블록의 원에 근접하거나 해당해야 함. 동시에 그 범위는 다른 마을과 겹치지 않아야 함.

2. 대표자, 표어, 상징이 존재해야 함.

3. 마을회관, 역사 등 명백히 마을의 기능을 수행한다고 보이는 건축물이 하나 이상 존재해야 함.

- 1~3에 해당한다고 판단되는 경우 대표자가 관리진에게 마을 승격을 요청하여 인정받아야 함.
- 마을은 공식적인 촌장을 선출할 수 있고, 토지 거래에 제한을 둘 수 있으며, 일관된 정책 수행에 관해 관리자의 도움을 요청할 수 있음. 그 예는 NPC 설치, 교통수단 설치, 내부 기능 구현 등에 해당함.
- 마을 촌장의 공식적인 임기는 매월 15일부터 익월 15일까지로 1개월로 하며 구성원들의 자발적이고 민주적인 투표를 통해 선출되어야 함. 단, 갓 승격된 마을의 경우 대표자가 바로 촌장의 지위를 계승하여 바로 업무를 이어갈 수 있음.
- 가급적 관리진은 마을의 관리, 투표 등에 개입하지 않지만, 대다수의 구성원들의 요청이 있을 경우 개입할 수 있음.

※ 위 규칙은 2020년 3월 27일판 규칙으로, 4차 개정 당시의 규칙임. 현재(시즌3)는 마을 제도가 폐지되었으므로 존재하지 않는 규정이나, 독자들의 이해를 돕기 위해 삽입함. [출처 : 유믹위키 > 서버 규칙(r6판)]

관리자의 긴급명령권

앞서 밝혔던 것처럼 저희 메타버스 캠퍼스에서는 관리진을 포함한 모두가 메타버스 내 법을 지켜야 한다는 중요한 인식을 공유하고 있었습니다. 다만 그것이 초래할 수 있는 하나의 큰 결점이 있었죠. 메타버스를 관리하고 운영하는 관리진의 권한에도 법적 근거들이 부여되고 또 그것을 따라야 하다 보니, 막상 매우 중요하고 시급한 결정을 내려야 할 때, 그러지 못하는 일이 발생했다는 겁니다. 가령 이런 겁니다. 메타버스 속에서 '매우 치명적인 사건'이 발생했는데, 이에 대한 규칙이 마련되어 있지 않아서 당장 그걸 처벌할 수 없는 식이지요. 처벌하기 위해서는 규칙을 새로이 제정해야 했는데, 그 과정에는 몇 가지 절차가 필요했습니다. 그렇게 제정된 법도 소급 적용을 하기엔 큰 부담이 따랐죠. 물론 그렇거나 '치명적인 사건'이 일어나지는 않았습니다. 단순한 분쟁들에 불과했습니다. 하지만 단순한 분쟁이라 하더라도, 규칙에 근거하지 않은 개입이나 해결은 어려운 건 마찬가지. 이러한 불편들의 누적으로, 저희는 다음과 같은 규칙을 신설할 수밖에 없었습니다.

> 14조 4항 : 관리자의 긴급명령권은 서버 내에 중대한 문제가 발생 또는 예상될 경우 규칙에 따른 권한에 구애받지 아니하고 긴급한 조치를 명할 수 있는 권한에 해당함. 이는 지극히 상식적이고, 모든 구성원들이 납득 가능한 선에서 이루어져야 함.

'누구나 법 위에 군림하지 않아야 한다'는 그 자체로 굉장히 중요한 것이었지만, 법의 불합리와 불비함을 핑계로 아무 일도 하지 않는 것은 유저들의 또 다른 불신을 초래할 수도 있습니다. 메타버스 세계를 운영하는 관리자의 지위를 어떻게 설정할 것인지, 그리고 어떤 존재로 살아가야 하는지, 여기에 대해서는 많은 고민이 필요할 것입니다.

오프라인에서의 일도 규제할 거야?

메타버스의 만남이 현실로 이어진다면 어떻게 될까요? 아바타가 아닌 현실의 몸뚱이로 말이죠. 그런 만남에서 문제가 발생하면, 메타버스 내 법률로 규제를 할 수 있을까요? 이 또한 굉장히 논쟁적인 지점이었습니다. 영남대 학생들로 이루어진 공동체였기에, 시간이 갈수록 오프라인에서의 만남이 이루어지는 경우가 생겨났거든요. 이는 앞에서 말한 '새로운 아바타' 문제와는 또 다른 양상을 가집니다.

가령 이런 겁니다. 오프라인 만남이 개최되어 학생들끼리 만났는데, 그곳에서 불미스러운 범죄가 발생했다고 가정을 해봅시다. 그리고 그 범인이 바로 현장에서 적발되었다고 해봅시다. 함께 만난 학생들은 더 이상 그 학생을 신뢰하기 어렵다고 여길 것입니다. 그런데 집으로 돌아와 메타버스에 접속했더니, 그곳에 또 그 학생의 아바타가 있는 것입니다. 그러면 현실에서의

'불미스러운 사건'에 대한 여파가 당연히 메타버스 속에서 이어질 수밖에 없습니다. 그 학생의 행동과 태도에 대한 비판이 일어날 것이고, 그 학생 때문에 메타버스 접속을 포기하는 경우도 속출하겠지요. '이런 사람과 같이 메타버스에 있을 수 없다'고 말이죠. 그 학생의 불미스러운 범죄는 분명 현실의 것이지만, 메타버스 속 세계에도 파장을 몰고 오는 것입니다.

이런 상황에서 메타버스 세계의 평화와 안정을 위해, 그 학생을 규제해도 마땅한 것일까요? 이는 메타버스와 현실이 얼마나 밀접하게 연결되어 있는지를 여실히 보여주는 것이기도 합니다. 하지만, 동시에 그것이 별개의 세계라는 사실 또한 무시될 수 없는 것입니다. 계속 현실과 가상 세계의 경계를 무너뜨리다 보면, 메타버스는 메타버스 그 자체로 존립하기 어려운 것도 사실이니까요. 또 현실에서 이미 규제가 일어난 사안을 메타버스에서 또 별도의 추가 규제를 할 수 있는지, 그럴 만한 권한이 있는지도 문제였습니다. 물론 저희 메타버스 캠퍼스에는 아직 그런 불미스러운 사건이 일어난 적이 없었습니다. 방금 이야기는 어디까지나 '가정'입니다. 하지만 오프라인 만남이 활성화되는 시점부터 그런 고민은 필요했지요.

결론적으로 저희는 오프라인에서 일어난 일에 관해서도, 메타버스 속 규제를 하는 방향으로 가닥을 잡았습니다. 메타버스 본연의 의미를 살리는 것만큼이나 중요한 것은, 그 메타버스를 향유하는 많은 학생들의 안녕과 행복이었으니까요. 그 공동체적 가치를 훼손하는 일이 일어나서는 안 된다는 것이 모두의 일념이었습니다.

메타버스 속 '전라 노출' 사건

그러나, 그런 평화로운 일상과 행복을 방해하는 이들도 항상 있었습니다. 우리가 살아가는 실제 세계의 모습을 많이 닮아 있어서 그런 걸까요? 간혹 아바타라는 새로운 인격 뒤에 숨어 추악한 일을 서슴지 않는 이들도 있었죠. 대표적인 사건이 바로 '전라 노출' 사건이었습니다. 제목만 들어서는 피식하고 웃으실지도 모르겠습니다. 모두가 아바타로 활동하는 메타버스 캠퍼스에서 '전라 노출'이라뇨? 그런 게 가능하기나 한 걸까요?

때는 2020년 가을 경이었습니다. 함께 운영진을 맡고 있던 학생으로부터 긴급한 전화를 받았지요. '캠퍼스에 이상한 사람이 접속을 했는데, 운영진의 권한으로 바로 퇴출해도 괜찮을지'를 의논하는 내용이었습니다. 그런데, 그 '이상한 사람'이 어쨌다는 건지, 그 학생은 명쾌한 설명을 하지 못하고 한참을 머뭇거렸습니다. 답답함을 느낀 제가 '직접 들어가서 확인을 해보겠다'며 컴퓨터를 켰는데, 이내 경악을 금치 못했지요. 제가 마주한 광경은 그 '이상한 사람'이 누드 아바타 스킨을 입고, 외설적인 닉네임을 설정한 채로 캠퍼스를 누비는 모습이었죠. 그건 그저 '이상한 행동'이 아닌, 다수에게 성적 불쾌감을 주는 '명백한 범죄 행위'였습니다.

물론 실제 아바타가 현실의 몸뚱이처럼 옷을 입지 않는다고 바로 전라의 상태가 되는 것은 아닙니다. 오히려 옷을 입고 있는 것이 기본 상태라 할 수 있죠. 쉽게 말하면 그 '범죄자'는 옷을 입고는 있었습니다. 다만 그 옷의 디자인이 여성의 나체를 본 딴 것이었죠.

누드 아바타로 등장한 학생

저는 즉시 그 '범죄자'를 추방했지만 그 후, 한 가지 고민에 빠졌습니다. 다수에게 성적 불쾌감을 준 범죄 행위는 마땅히 처벌받아야 한다는 생각 때문이었죠. 무엇보다 이곳은 영남대학교 학생들이 모이는 가상 캠퍼스였습니다. 웹 메일을 통한 인증 절차가 있기 때문에 그 '범죄자' 역시 영남대학교 학생인 것은 당연한 일이었습니다. 우선 '학교를 통해 신고를 해야 할지, 아니면 경찰에 바로 신고해야 할지'를 두고 고민했습니다. 학교 구성원들로 이루어진 사이버 공간이고, 가상의 캠퍼스에서 일어난 일이기에 학교에 우선 제보하는 것이 옳다는 의견이 있었지만, '메타버스 캠퍼스'가 학교와 공식적으로 연결된 곳은 아니었기에, 경찰에 신고하자는 쪽으로 구성원들의 의견이 모였습니다.

그러나 그 후도 고민의 연속이었습니다. 메타버스 속에서 일어난 '전라 노출'을 어떻게 규정할 것이며, 증명해낼 것인지가 참으로 난제였습니다. 분명 그로 인해 성적 불쾌감을 느낀 친구들이 많았지만, 사이버 상에서 음란물을 게시하거나 유통한 것도 아니고, 그렇다고 현실처럼 '공연 음란'이라는 개념을 적용하기에도 무리가 있었으니까요.

결국 저는 아무런 후속 조치를 하지 못한 채, 그저 그 '범죄자'를 완전히 추방해버리는 것으로 만족하는 수밖에 없었습니다. 그리고 재발방지를 위해 닉네임과 스킨 설정에 엄격한 기준들을 만들어두었죠. 메타버스가 우리 사회 곳곳에 뿌리내리면 내릴수록, 유사한 사건과 문제들이 많이 발생할지도 모릅니다. 법도 거기에 맞추어 계속 변화와 고민을 꾀해야겠죠. 우리 앞에 남겨진 숙제일 것입니다.

장기 미접속자의 부동산 문제

메타버스 세계는 구체적인 '접속 행위'가 반드시 수반되어야 합니다. 현실에서 디지털 매체를 통해 또 다른 세상으로 넘어가는 필수 절차인 거지요. 하지만 어떤 사람이 그 세상에 오래도록 혹은 영원히 '접속'하지 않으면 어떻게 되는 걸까요? 그 사람의 유산은 평생 그곳에 온전히 남아있어야만 할까요? 여기서 걸림돌이 되는 것은 다름 아닌 '토지 문제'였습니다.

다량의 부동산을 소유한 학생이 한 달이 넘도록 메타버스 캠퍼스를 방문하지 않았다고 가정해봅시다. 그리고 그 학생의 토지에 가로막혀 마을 발전에 큰 지장이 생겼다면 어떻게 해야 할까요? 그리고 그 학생과 연락할 별도의 창구가 없다면요? 종종 그런 일이 일어나곤 했습니다. 접속이라도 한다면 매매나 임대가 이루어질 수 있을 텐데, 허락을 받지 않고 땅을 사용할 수도 없는 노릇이었죠. 특히 철도를 부설하는 등의 대규모 토목 공사가 이루어질 때마다 그런 상황이 꼭 연출되었습니다. 그냥 임야에 불과했다면 덜 문제였을 텐데, 번듯한 집이나 구조물이라도 위치해 있다면 별 수가 없었지요.

학생들은 저에게 조치를 요구했지만, 저라고 별 다른 대책은 없었습니다. 장기 미접속의 기준도 모호할 뿐더러, 어쩔 수 없는 장기 미접속도 많을 것입니다. 불가피한 사정이 있어 당분간 접속하지 못했는데, 들어와 보니 자신의 집이 통째로 사라졌다면 얼마나 황당할까요? 비록 메타버스 세계라지만, 많은 시간과 노력을 들여 얻은 재산일 텐데 말이에요. 학생들은 주로 이런 의견을 보였습니다.

- 갑 : 다양한 소통 채널을 통해 토지 처분을 고지하고, 응답이 없거나 연락이 닿지 않는 경우 소유권을 박탈해야 한다.

- 을 : 장기 미접속의 기준을 확실하게 해야 한다. 1~2달 서버 접속 기록이 없는 경우 토지를 처분하는 것이 좋겠다.

- 병 : 토지 구입 당시에 '장기 미접속 시 토지 처분이 가능하다'는 고지가 있어야 할 것이다. 관련법이 시행되더라도 시행 전에 구입한 토지는 고지가 없었으므로 소급 처분을 해서는 안 된다.

- 정 : 불가피한 사정으로 미접속하는 경우도 있지 않겠는가? 그런 경우 운영진에게 사전에 사정을 알려야 하겠지만 그것마저 불가피한 경우가 있을 수 있다.

- 무 : 장기 미접속자의 토지권이 없어지면, 그 토지 위에 지어진 집과 그 안의 물건은 누구 소유가 되는 것인가? 그 모든 것을 처분해야 하는 것인가?

- 기 : 장기 미접속자의 토지를 처분하게 되면, 해당 유저가 다시 접속했을 때 어떤 보상을 마련해 줄 필요는 없는 것인가?

대한민국 국유재산법 제 12조에는 무주부동산無主不動産, 즉 소유자가 없는 부동산에 대한 규정이 나옵니다. 모두 원칙적으로는 국가로 귀속되죠. 물론 6개월간의 공고 절차를 거쳐, 아무런 이의가 없음을 확인해야 합니다. 최종적으로는 이런 현실의 예를 반영하여 규칙을 개정하려는 시도가 있었습니다.

장기 미접속이 확인되면 얼마간의 공고를 거쳐, 토지를 캠퍼스로 귀속시키고, 필요한 이에게 양도하자는 식이었죠. 하지만 번번이 실패하고 말았습니다. 장기 미접속자의 토지를 '주인 없는 땅'이라 규정할 수 없다는 반대 여론도 만만찮게 컸기 때문이죠. 지금도 이 문제는 저희 메타버스 캠퍼스의 핫한 쟁점 중 하나입니다. 언젠가는 해결이 될까요? 🌱

캠퍼스 구축을
위한 노동

　지금까지 계속 '메타버스 캠퍼스'라 칭하고 있었지만, 꽤 오랜 시간 저희는 중앙도서관 외의 영남대학교 캠퍼스 건물을 마련하지 못하고 있었습니다. 건물이 없는 '반쪽짜리 캠퍼스 라이프'였죠. 처음 이 가상 세계를 준비했던 저에게 나머지 건물들을 지을 만한 여력이 없었던 까닭입니다. 그러나 점점 많은 학생들이, 그것도 다양한 단대 출신의 학생들이 이 메타버스 캠퍼스를 찾아주면서, '다른 건물'에 대한 수요가 높아졌습니다. 급기야 자신들이 직접 건물을 지어보겠다고 아우성이었고, 저희는 본격적으로 팀을 꾸려 '영남대 캠퍼스를 재현하는 프로젝트'를 시작했습니다.

　앞에서 설명한 것처럼, 마인크래프트라는 플랫폼은 각 개인이 다양한 정육면체 블록을 이용하여 건축을 할 수 있는 시스템을 제공합니다. 방법은 어렵지 않습니다. 인벤토리를 열어 원하는 블록을 선택하고, 우클릭으로 설치를, 좌클릭으로 파괴를 할 수 있습니다. 하나하나 블록을 쌓아 올리다 보면 금세 멋진 건축물을 만들 수 있는 거죠. 저희는 본래의 이런 기능을 십분 활용하여 캠퍼스를 구현하고자 했습니다. 별도의 복잡한 맵 에디터나 화려한 기술들은 전혀 필요하지 않았습니다.

다만, 문제가 있다면 그건 딱 2가지였습니다. 저희가 다니는 '영남대학교의 규모가 굉장히 크다는 점'과 '실제 캠퍼스를 모사하는 방식을 어떻게 할 것이냐'는 문제였죠. 대개 정육면체 블록의 크기는 현실의 1m에 대응하는 것으로 여겨지는데, 그렇게 지으려면 굉장히 많은 노동이 필요해 보였습니다. 영남대학교 캠퍼스가 전국 2위의 면적인 데다가, 건물 사이사이에 펼쳐진 수많은 숲과 못 등을 만드는 것도 관건이었거든요.

하는 수 없이 저희는 실제 캠퍼스 면적보다 조금 작은 규모로 캠퍼스를 설계했습니다. 실제의 10m당 8블록 정도의 규모로 말이죠. 그에 맞추어 미리 마련되어 있던 중앙도서관의 크기도 조정할 수밖에 없었지요. 거의 새로 건축을 하는 대공사였습니다.

중앙도서관이 리뉴얼되고, 그 인근에 도로가 깔렸지만 곧바로 학생들의 건축이 시작된 것은 아니었습니다. 여럿이서 건물을 짓다 보면 건물들 간의 거리나 규모 등이 안 맞는 경우가 발생할 수도 있거든요. 분명 학생들을 위한 가이드라인이 필요했습니다. 그래서 건축프로젝트의 매니저를 맡은 칼라똥과 슈퍼소닉이 총대를 메고, 지형 정리와 함께 필요한 건물들의 밑그림을 땅에다 그리기 시작했습니다. 나머지 학생들은 그 밑그림에 맞추어 건축해야 했죠.

밑그림을 그리는 작업이 끝난 뒤, 본격적으로 프로젝트가 개시됩니다. 학생들은 먼저 자신이 속한 단과대학 건물부터 시작해, 맡은 구역을 충실히 구현해나가기 시작했습니다. 어문학전공 학생의 인문관 건축부터 공대생의 IT관 건축, 무용학전공 학생의 천마아트센터 건축 등. 물론 이것이 경험과 기억에 의존한 것은 아니었습니다. 그런 주먹구구식으로는 제대로 된 캠퍼스를 만들 수가 없었거든요. 저희의 기억에는 부정확한 지점들이 많고, 특히 20학번 친구들은 캠퍼스 자체를 실물로 본 적이 없었으니까요.

저희는 포털 사이트의 거리뷰 시스템과 국토교통부에서 제공하는 '브이월드 공간정보오픈 플랫폼(www.vworld.co.kr)'의 3D지도를 적극 활용했습니다. 그 두 가지 수단으로도 확인이 어려운 지점들은 학교를 드론으로 촬영한 영상을 참고하거나, 최후의 방편으로 실제 학교 근처에 자취하는 학생을 사진사로 동원하기도 했습니다. 이렇게 각자가 역할을 분담해 프로젝트를 진행하자, 여러 건물들이 생각보다 빨리 제 모습을 드러냈습니다. 학생들은 계속 건물과 건물 사이의 조경, 자연물을 구체적으로 표현하는 데에도 큰 공을 들였지요. 섬세한 표현을 해야 하는 동상과 조형물은 시각디자인 전공 학생들이 뭉쳐 3D 모델링을 한 덕에 쉽게 해결할 수 있었습니다. 다양한 전공의 학생들이 모인 탓에 가능한 일이었죠.

학생들이 짓는 캠퍼스 전경

혹자는 말합니다. 캠퍼스를 짓는다고 돈이 나오거나 밥이 나오는 것도 아닌데 뭘 그리들 열심히 했냐고요. 혹시 그렇게 생각하시는 독자분이 계신다면 '재미의 노동The labor of fun' 개념을 이해할 필요가 있을 것 같습니다. 무슨 노동인 것은 같은데, 재미라는 수식어가 왠지 모르게 이질적으로 느껴지지요?

학계에서 처음으로 '재미의 노동' 문제를 연구한 미 스탠포드대학의 닉 이Nick Yee 교수는 「대규모 멀티 유저 온라인 그래픽 환경 사용자의 인구 통계, 동기 및 시작 경험The Demographics, Motivations, and Derived Experiences of Users of Massively Multi-User Online Graphical Environments」이라는 자신의 논문에서 '가상 세계에서 이루어지는 노동이 실제 현실의 노동과 별반 다르지 않다는 사실'

을 지적하면서도 그것이 굉장한 성취와 즐거움을 준다는 사실을 역설하죠.

어떻게 보면 학생들이 메타버스 속에서 캠퍼스를 짓기 위해 열심히 노동을 한 현장은 이런 '재미의 노동'에 명백히 해당하는 경우라 할 수 있겠습니다. 캠퍼스를 짓는 것은 굉장히 지난한 행위지만, 스스로 '건물을 지어냈다'는 성취감은 현실의 그 어떤 것과 비교해도 부족하지 않습니다. 오히려 현실에서는 좀처럼 느끼기 힘든 유의 것이지요. 저희 메타버스 캠퍼스의 재학생들은 이런 기쁨의 순간들을 잊지 못해 오늘도 캠퍼스 건축을 계속 이어나가고 있습니다.

〈실제 캠퍼스와 메타버스의 풍경들〉

홍만이 동상

〈실제 캠퍼스와 메타버스의 풍경들〉

중앙도서관 (학교 홍보팀 제공)

국제교류관

천마아트센터

메타버스에서
오징어 게임으로 놀기

저희는 메타버스 속 노동과 새로운 사회생활을 통해 굉장한 성취와 즐거움을 느낀다지만, 무궁무진한 이야기보따리 속에서 저희들의 감상과는 달리 '절망'을 느끼는 분도 계시지 않을까 염려됩니다. '자유롭고 희망찰 것만 같았던 메타버스에서도 힘든 사회생활과 노동을 해야 한다'며 말이죠. 하지만 걱정은 붙들어 매시지요. 저희는 노는 것도 기가 막히게 잘 놀고 있으니까요. 게임을 근간으로 하는 메타버스 세계에서 '놀이'가 빠지면 섭섭할 거예요. '노동을 통한 놀이'가 아니라 '놀이를 통한 놀이', '놀이 그 자체'를 보여드릴 차례가 되었습니다.

칼라풀랜드와 미니게임

건축가 학생과 칼라똥 에이전시가 함께 지은 '칼라풀랜드'는 메타버스 캠퍼스 속에서 가장 유명한 놀이동산입니다. 롤러코스터, 관람차, 회전목마 등 현실에서 볼 수 있는 온갖 놀이기구가 설치되어 있죠. 그저 모양만 흉내 낸 것이 아니라, 코딩 작업을 통해 완벽한 작동까지 이루어지고 있답니다. 하지만 이런 고전적인 놀이기구들은 사실 칼라풀랜드 내에서 큰 인기가 없습니다. 많은 학생들의 인기를 끄는 것은 여러 학생들이 직접 설계해서 만든 미니게임들이죠.

칼라풀랜드 대표 건축가 학생도 고전적인 놀이기구만으로는 접객이 힘들다는 사실을 인지하고 있었습니다. 롤러코스터나 관람차는 분명 스릴 넘치고 재미있는 기구였지만, 저희가 현실에서 매일매일 놀이동산을 찾는 게 아닌 것처럼, 항상 즐길 수 있는 유의 것은 분명 아니었거든요.

그래서 한 가지 묘안을 냈던 것이 바로 '미니게임을 유치하는 일'이었습니다. 마인크래프트 내의 회로와 코딩 작업을 통하면 누구나 게임을 만들 수 있다는 점에 착안한 것이지요. 학생들의 요구 사항을 검토하고, 여러 기획안을 받아 일은 일사천리로 진행되었습니다. 일부는 민관합작의 형태로, 관리자인 제가 기술적 지원을 하기도 했죠.

그렇게 탄생한 게임들은 '제시어 그림 맞추기', '숨바꼭질', 'FPS 서바이벌', '거짓말 게임', '눈 부수기' 등이 있었습니다. 미니게임을 유치한 뒤의 반응은 폭발적이었죠. 심지어는 미니게임을 하기 위해 메타버스 캠퍼스에 들어왔다거나, 할 일을 제쳐

두고 미니게임만 하다 가상 회사에서 해고당하는 학생까지 등장했죠. 반쯤 우스갯소리지만 '게임 속에서 게임 중독이 나타났다'며 걱정하는 친구들도 있었답니다.

칼라풀랜드 전경

그림 맞추기 미니게임을 진행 중인 학생들

제일 많은 학생들이 즐겼던 미니게임이 뭐냐고요? 바로 '제시어 그림 맞추기'였습니다. 술래에게만 정해진 제시어가 나타나고, 술래는 그것을 벽화로 그려 나머지 사람들로 하여금 맞추도록 하는 게임이었죠. 물론 그 중에는 게임에 참여하지 않고, 온갖 창의적인 벽화만을 그리는 학생들도 있었습니다. 그들의 작품을 감상하는 것도 재미가 쏠쏠한 일이었습니다.

칼라풀랜드는 미니게임의 인기에 힘입어 미니게임에 승리할 때마다 일정 포인트를 지급하고, 그 포인트를 내부 화폐로 교환해주는 제도를 시행하려다 부정적인 여론에 휩싸이고 맙니다. 사행성 조장이라는 것이었죠. 결국 실현되지는 않았지만, 점차 이용객이 쇠퇴하는 계기가 되었습니다. 결국 학생들의 주요 활동 무대가 달라지면서 칼라풀랜드는 자연스레 폐업 수순을 밟게 되었지만, 학생들이 만들어 놓은 여러 가지 미니게임은 다른 곳에서 그대로 인수해 현재도 서비스하고 있는 것을 보면, 그 위력을 알 만하네요.

포포의 게임센터

놀이 이야기에 '포포의 하얀 게임센터'를 빼놓을 수가 없습니다. 먼저, 포포 학생이 하얀 마을에 건설한 게임센터는 일종의 오락실로, 하얀을 대표적인 관광도시로 만든 일등 공신이었습니다. 공식 명칭은 '게임센터'인데, 학생들은 '포포네 도박장'이

포포의 게임센터 직원들

라 불렀지요. 실제로 도박을 했던 것은 아니지만, 게임을 할 수 있는 공간을 두고 익살스럽게 붙인 이름이라 할 수 있습니다. 게임센터는 지상 2층, 지하 1층 규모로 건설되었습니다. 안에는 회로를 활용한 그림 맞추기, 풀의 개수를 헤아리는 게임 등이 만들어졌지요. 큰 기업으로 발전하지는 못했지만, 여러 직원을 두고 운영하는 등 체계와 규모, 재미를 갖춘 곳으로 큰 인기를 끌었습니다.

무엇보다 포포의 게임센터는 '돈을 벌기 위한 곳'이 아니라, 오로지 '재미를 추구하는 곳'이었죠. 오락을 하는 데에 드는 비용도 1~3코인 정도에 불과했고, 그것마저도 직원들의 재량으로 면제해주기도 했으니까요. 운영에 필요한 최소한의 돈만 받았던 것입니다. 이게 가능했던 이유는 하양 마을에서 정책적으로 포포의 게임센터를 지원해주었고, 현실처럼 전기 회로를 유지하는 데 비용적인 부담이 들지 않았기 때문이었겠죠. 이러한 게임센터의 성공을 보고 비슷한 형태의 오락실도 많이 만들어졌답니다. 그 중 유명한 것으로 '료료네 야추'와 '단군랜드'가 있죠.

오징어 게임과 양세찬 게임

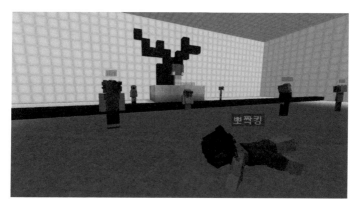

학생들이 '무궁화 꽃이 피었습니다'를 즐기는 모습

대중매체에 등장하는 놀이를 모방하는 경우도 있었습니다. 2021년 9월, 넷플릭스에 공개되어 큰 인기를 끈 드라마 '오징어 게임', 여러분도 다들 잘 아실 텐데요, 학생들이 극 중에 등장하는 놀이 '무궁화 꽃이 피었습니다'를 극 내용과 비슷하게 재연하여 즐겼던 것입니다. '오징어 게임'이라는 명칭도 한 학생의 이름을 따 '오정우 게임'으로 바꾸었다죠. 비록 10명이 조금 넘는 소규모 인원으로 진행되기는 했지만, 실제 드라마 속에 나오는 풍경과 유사하게 세팅된 모습은 마치 현장에 있는 것 같은 생동감을 주었습니다. 그렇다고 극 중에 나오는 부정적이거나 잔인한 묘사들까지 모두 옮기지는 않았지만요.

학생들은 '무궁화 꽃이 피었습니다' 놀이 속에서 술래의 눈을 피해 결승선에 다다르고자 노력했고, 최종 우승컵은 기른곤조가, 퍼레 두 학생에게 돌아갔습니다. 특히 기른곤조가 학생은 '오징어 게임에 나오는 놀이들을 모두 체험해보면 재밌겠다'는 소회를 밝혔습니다. '옛날 놀이터에서 놀던 추억도 생각난다'는 이야기와 함께 말이죠.

또한, 학생들은 SBS의 인기 예능 프로그램인 '런닝맨'에 등장한 놀이를 재연하기도 했습니다. 런닝맨 486회에 등장하는 '양세찬 게임'이 바로 그것인데요, 몇 명의 인원이 마주보고 앉아 각자 자신의 이마에 붙은 이름을 맞추는 게임입니다.

모두가 알 법한 유명인이나 캐릭터 이름인데, 서로에게 질문을 던지며 그 이름을 추리해야 했습니다. 이 놀이를 하는 데에는 별도의 코딩이나 회로 작업이 필요 없었죠. 이름을 써두는 표지판과 적당한 놀이 장소만 확보하면 되었거든요. 런닝맨을 재미있게 시청한 야채시 학생과 썬플 학생에 의해 고안된 이 놀이는 금세 많은 학생들이 즐기는 '국민 게임'이 되었습니다. 나중에는 급기야 칼라풀랜드 속 미니게임으로 재탄생되기에 이르렀죠.

메타버스에서
연애를?

앞에서 서술했던 것처럼 메타버스 캠퍼스 속에서 연애를 이어가는 학생들도 있었습니다. 코로나 때문에 현실에서 즐기지 못하는 데이트를 하기 위해, 또는 각자가 집에서도 같은 공간과 시간을 공유하기 위해, 여러 다양한 이유로 말입니다.

무엇보다 무궁무진한 메타버스 세계에서는 그들이 꿈꾸는 목표와 생활을 모두 누릴 수 있었습니다. 어른들의 눈치를 볼 필요도 없었죠. 과감한 동거를 시작하거나, 결혼식을 열고, 러브하우스를 만들었습니다. 메타버스 속 연애가 어떤 방식으로 이루어졌는지 궁금하지 않으세요? 잠깐 맛보기로 하죠.

러브 아일랜드 만들기

코코링과 탄이 커플이 만든 '코코링 아일랜드'를 주목할 만합니다. 둘은 단순히 러브 하우스를 만드는 것에 만족하지 않았습니다. 서로의 추억과 감정을 담은 섬을 통째로 만들어버렸지요. 둘은 아무도 살지 않는 무인도를 함께 개척했습니다. 남들의 방해를 받지 않고자 중심에서 가장 먼 곳에 그 자리를 잡았죠. 산을 몇 개나 넘고, 배를 타고 먼 바다를 건너야 했습니다. 둘은 그곳에 서로의 추억이 담겨 있는 실제 장소와 함께, 가고 싶은 이국의 풍경들, 먼 미래에 지어질 러브 하우스를 한데 모았습니다. 그래서 건물 양식 또한 현대풍, 일본풍, 유럽풍이 마구 섞여 있었죠.

코코링 아일랜드 전경

커플 아바타 만들기

　메타버스 속 만남은 아바타를 통해 이루어질 수밖에 없습니다. 아바타를 통해 자신의 개성을 표현하고, 자신이 원하는 삶의 모습들을 녹여내죠. 메타버스 속 커플들은 마치 현실에서 커플티를 입는 것과 마찬가지로 '커플 아바타'를 만들어 활동했습니다. 유사한 옷과 캐릭터 모양으로 자신들의 아바타를 통일하는 것이지요. 대개는 같은 캐릭터, 다른 색깔을 사용하는 경우가 많았습니다. 또, 가끔은 동일한 아이템을 손에 들거나 닉네임을 유사하게 설정하는 경우도 있었죠. 누가 봐도 '우리는 커플'이라는 인식을 심어주도록 말이죠.

한 커플의 커플 아바타

커플의 결혼식

어떤 커플은 메타버스 캠퍼스에서 가상 결혼식을 열기도 했습니다. 실제 혼인 관계는 아니지만, 가상 세계에서만큼은 실제 부부처럼 살아가겠다는 의지의 표현이었지요. 가상 결혼식에는 양가 부모의 허락도 필요 없었고, 복잡한 예절도 요구되지 않았습니다. 중요한 것은 오로지 두 사람의 사랑과 의지뿐이었습니다. 실제 법적인 구속력을 가지는 혼인은 아님에도, 대외적으로 '우리가 사랑을 나누는 사이'임을 알리는 효과가 있었습니다.

한 커플의 커플 결혼식

메타버스 캠퍼스에서 처음 열렸던 '디디와 썬플의 결혼식'은 구성원 모두에게 큰 화젯거리였죠. 커플은 학생들에게 디지털 청첩장을 보냈고, 초청받은 학생들은 말끔한 양복 아바타를 만들어 입었습니다. 주례를 직접 자청하여 맡으려는 학생이 있는가 하면, 밴드 동아리 친구들이 축하 연주를 해주기도 했지요. 결혼식 당일에는 많은 학생이 몰려 커플의 예쁜 사랑을 응원했습니다.

데이트 장소는 동굴?

의아하게 생각하실지도 모르겠는데요, 그런 커플들의 주요 데이트 장소는 다름 아닌 '동굴'이었습니다. 으슥한 동굴에서 엄한 짓이라도 하는 것은 아니고요, 아무래도 커플들이 데이트를 하는 이유는 '동일한 체험을 공유하기 위해서'가 아니겠어요? '동굴'은 도시로 가득한 현실에선 잘 보기 힘든 '야생 그대로의 자연'이죠. 이런 곳에서 하는 데이트는 '현실에 없는 무언가'였습니다. 이색적인 체험이 될 수밖에 없는 것이죠.

커플들은 메타버스 속에서 꼭 함께 동굴을 탐험하곤 했습니다. 서로가 서로를 지켜주고, 어두운 곳을 밝혀주며, 함께 자원까지 채굴해오는 체험들은 현실 이상의 애틋함을 느낄 수 있고, 현실의 그 어떠한 데이트보다 이색적이고 재미있는 일이었을 겁니다.

더 넓은 우주로
확장되는 메타버스

메타버스 캠퍼스 운영이 1년 넘게 지속되자, 문득 그런 생각이 들더군요. '영남대학교 학생들로만 이루어진 이곳이 진정한 메타버스가 맞을까?'하고요. 메타버스는 끊임없이 창조되고 확장되는 세계여야 합니다.

하지만 저희의 세계는 어떤 면에서는 굉장히 폐쇄적이고, 또 정체된 곳이었습니다. 모든 구성원은 영남대학교 학생과 소수의 지인이었고, 또 모든 행사는 내부적으로만 이루어졌거든요. 그런 상황이 1년이 넘도록 지속되자, 새로운 변화를 원하는 구성원들의 바람이 커져만 갔습니다. 저희에게는 더 넓은 소통과 교류의 장이 필요했습니다. 그런 고민으로 하루하루를 보내고 있던 찰나, 소중한 연락을 받았습니다.

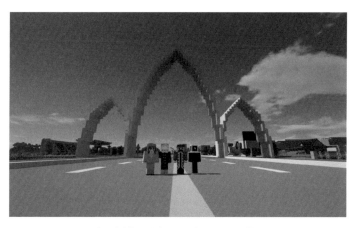

경상국립대학교 메타버스를 방문한 영남대 학생들

그 연락은 다름 아닌 서울대학교 메타버스를 구축하고 있는 BTS^{Build the SNU} 팀의 안민규 학생(서울대 전기정보공학부)이었습니다. 저희처럼 마인크래프트 플랫폼을 이용해 캠퍼스를 구축하고 있었죠. 하지만 1년 이상의 메타버스 운영 경험을 가진 저희와는 달리, 시작한 지 얼마 되지 않은 상황이었습니다. 그래서 여러 가지 운영상의 난점을 가지고 있었고, 이에 대한 노하우를 요청하는 연락이었습니다. 마침 저희들의 성과가 외부에 조금씩 알려지고 있던 시기라, 운 좋게도 연락이 닿을 수 있었습니다.

처음 서울대 측의 연락을 받고 굉장히 기뻤던 기억이 납니다. 새로운 소통과 교류의 장을 만들었을 뿐 아니라, 이런 '메타버스 캠퍼스'에 대한 저희의 시도와 경험이 굉장히 소중한 것이었음을 새삼 깨달았거든요. 저희는 안민규 학생을 비롯한 서울대 학생들을 일종의 '교환학생' 자격으로 영남대학교 메타버스에 초청했습니다. 함께 미니게임을 하거나 메타버스 카페에서 많은 대화를 나누었죠. 그 뒤에는 저희 영남대학교 학생들의 서울대 메타버스 방문도 이어졌습니다. 실제 현실에서의 영남대학교와 서울대학교는 상호 교환학생 프로그램을 운영하고 있지 않습니다. 하지만 이 메타버스 속 세계에서만큼은 끈끈한 우정으로 이어진 두 대학이 되었습니다.

저희 영남대와 서울대 팀은 거기서 그치지 않고, 다양한 메타버스 대학들을 수소문하며 찾아다녔습니다. 저희 외에도 분명 동일한 목표 의식을 가진 수많은 캠퍼스가 있을 것이라는 믿음에 따른 것이었죠. 주요 마인크래프트 커뮤니티, 메타버스 관련 정보를 나누는 창구 등을 통해 저희는 인하대(비룡서버), 경상대(경상대 마인크래프트), 대구교대(디뉴엠씨) 팀을 만날 수 있었습니다.

특히 인하대학교 팀과는 함께 '영남대X인하대 교류의 밤'이라는 행사를 진행하기도 했습니다. 영남대학교 메타버스 캠퍼스에 큰 무대를 만들고, 그곳에 인하대 학생들을 초청해 친목을 다지는 행사를 연 것이죠. 행사는 단숨에 40명의 정원이 찰 만큼 성황리에 개최되었습니다. 행사를 진행한다는 소식에 서울대와 경상대 팀은 화환을 보내주었고, 메타버스에 관심 있다는 인하대 졸업생분도 저희 캠퍼스를 찾아주셨지요.

행사는 서로의 학교를 소개하는 시간, 자기소개, 공동 케이크 커팅식, 미니게임, 선물 전달의 식순으로 진행되었습니다. 인하

영남대 x 인하대 교류의 밤 단체사진

대 학생들을 위해 영남대 학생들이 인하대의 상징인 '비룡상'을 만들어 선물한 것도 기억에 남을 만한 일이었죠. 해당 행사에 참가하고, 이후 영남대 메타버스 캠퍼스로 '교환유학'을 온 무장경찰 학생은 이러한 양 대학 간 교류에 대해 다음과 같은 소감을 남겨 주었습니다.

'중학 시절에 마인크래프트를 처음 접했을 때는, 그것이 그냥 게임에 불과하다고 생각했습니다. 이번 행사에 참가하며 마인크래프트가 진정한 메타버스 플랫폼으로 활용될 수 있다는 사실을 크게 느꼈습니다. 화려한 건축물과 캠퍼스 건물도 그냥 멀리서 감상해야 하는 작품이 아니었습니다. 실제 건물처럼 사용될 수 있는 가능성을 느꼈습니다. 무턱대고 교환학생으로 계속 서버에 남을 수 있는지 문의드렸는데, 흔쾌히 받아주셔서 감사했습니다. 메타버스를 통해 더 넓은 세상을 볼 수 있어 좋았습니다.'

옛말에 고기도 먹어 본 사람이 잘 먹는다 했던가요? 국내 대학 간 교류를 통해 가능성을 읽은 저희는 국내를 넘어 세계로 눈을 돌리기 시작했습니다. 미국 Carnegie Mellon University의 마인크래프트 서버인 CMU Minecraft를 운영하는 학생을 초대해 소통하기도 하고, 일본 간사이대학 학생을 불러 같이 축구 시합을 하기도 했죠.

언어의 장벽이라는 한계 때문에 성대한 행사나 적극적인 소통은 어렵기도 했지만 각각 영어영문과 학생들, 일어일문학과 학생들의 도움을 받아가며 재미있는 추억들을 보냈지요. 무엇보다, 물리적으로 아득히 떨어져 있는 국가 간의 소통이 메타버스라는 또 다른, 단일한 세계에서 이루어졌다는 사실만으로 저희는 큰 만족감을 느꼈습니다.

메타버스 캠퍼스에서의
하루

    지금까지 메타버스 캠퍼스에 대한 여러 소개들을 마쳤는데요, 마지막으로는 저희 학생들이 이 자신의 아바타를 통해 메타버스 공간에서 어떤 생활을 보내고 있는지, 그 하루 일과를 샅샅이 보여드릴까 해요. 독자 여러분께서 저희의 메타버스를 대리 체험할 수 있는 소중한 기회가 되길 바랍니다.

    실제 딸기겉절이 학생의 하루를 글로 정리해보았습니다.

접속

    딸기겉절이는 어제와 마찬가지로, 오늘 밤에도 메타버스 캠퍼스를 찾았습니다. 현실은 밤이지만 메타버스 속 시간은 오후 2시 경이었죠. 서버에 접속하면 어제 마지막으로 있었던 위치에서 다시 플레이를 시작합니다. 딸기겉절이가 있던 곳은 중앙도서관 1층 로비였습니다.

딸기겉절이가 접속하자, 먼저 접속해있던 친구들에게 그 소식이 전달됩니다. '[+] 딸기겉절이님이 접속했습니다.' 학생들은 딸기겉절이에게 채팅으로 환영의 메시지를 보냅니다. 꼬꼬와 야채시, 밍, 뽀짝킹, 진하, 술애기 등의 학생이 인사를 건네네요. 누가 그러라고 시키지는 않았지만, 누군가 접속하면 크고 밝게 인사하는 것이 암묵적인 예의거든요. 인사를 받은 딸기겉절이는 음성 플랫폼 Discord를 마인크래프트와 연결해 접속합니다. 이제부터 딸기겉절이는 친구들과 음성으로도 대화할 수 있게 되었습니다.

가상 열람실 방문

딸기겉절이는 왜 자신이 중앙도서관에 있었을지 기억을 더듬어 봅니다. 어제 중앙도서관 가상 열람실에서 책을 쓰다 나갔던 것 같습니다. 계단에 올라 다시 2층의 열람실을 방문해봅니다. 어제 써둔 책은 잘 있는지, 누가 한 번쯤 꺼내어 읽었을지 궁금했거든요. 마침 꼬꼬가 그 곳에서 다른 학생들의 책을 읽고 있었네요. 딸기겉절이는 약간의 기대를 하고 열람실로 들어갔건만, 아직 자신의 책을 읽은 사람이 없는 것 같아 아쉬워합니다. 누군가 책을 읽으면 서가의 위치가 조금씩 바뀔 텐데, 자신이 넣어둔 위치에 정확히 그대로 있었거든요.

내심 꼬꼬가 자신의 멋진 문학책을 읽어줬으면 좋겠다는 생각에 말을 건네 봅니다. 지금 꼬꼬는 음성 채널에 접속해있지 않기에, '주변 채팅' 기능을 이용해 메시지를 보냅니다. 근처에 있는 학생들에게 메시지를 전달하는 기능이지요. "꼬꼬님, 제 책을 읽어주실 수 있을까요?" 다행히도 꼬꼬는 바로 수긍합니다. 감정 표현 기능을 이용해 큰 미소를 짓는 꼬꼬였죠. 즐겁게 자신의 책을 읽어주는 꼬꼬를 보며, 딸기겉절이는 크게 안도합니다. 그러곤 언젠가 가상 열람실 한편에 마련된 '우수 도서'에 선정되기만을 바라봅니다.

수업 듣기

딸기겉절이는 오랜만에 메타버스 속 수업을 수강해야겠다는 생각을 했습니다. 가상 수업을 수강하고 '학점' 포인트를 모으면, 마치 현실처럼 학년을 진급할 수 있거든요. 물론 실제 학년과는 관계가 없는 일종의 레벨 시스템이지만요. 몇 달이 지나도록 여전히 1학년에 머물고 있는 자신이 부끄러워진 딸기겉절이. 아주 오랜만에 수업을 수강하러 인문관을 방문합니다.

인문관에 있는 NPC 서교수에게 말을 걸면, 수강신청을 할 수 있는 메뉴가 열립니다. 여기의 수업들은 대개 메타버스 공간에서 수행할 수 있는 여러 가지 임무로 구성되어 있습니다. 자리에 앉아 수업을 듣고 시험을 치는 현실의 방식이 아니라, 직접 메타버스 내 체험을 하고, 그것에 대한 평가를 학점으로 받는 식이지요. 딸기겉절이는 꽤 오랜 고민 끝에 '드럼의 이해' 수업을 수강하기로 마음먹습니다.

드럼의 이해 수강하기

드럼의 이해를 수강신청하자, 우측에 '수강완료 조건'이 표시되네요. 드럼 사용법을 익혀 멋진 연주를 시도해보라는군요. 그런데 드럼이 어디에 있냐고요? 굳이 멀리 음악대학 건물까지 방문하지 않아도, 영남대학교 학생이라면 '거울못' 무대에 드럼이 있을 거라는 예상이 가능합니다.

바로 딸기겉절이는 무료 킥보드를 타고, '거울못'을 향해 달려갑니다. 열심히 이동하는 중에는 다른 목적으로 캠퍼스를 돌아다니는 마나와 요셉이, 흐구대감의 모습이 보이네요. 슬쩍 음성으로 인사를 나누어도 봅니다. 그렇게 도착한 거울못, 역시 예상대로 무대에는 드럼이 있었습니다. 미리 챙겨둔 막대기를 들고 열심히 드럼을 쳐보지만, 조작법 숙지는 물론 알고리즘의 마음에 쏙 드는 연주를 하기가 어렵습니다. 드럼은 Shift와 Q, F를 이용해 각각 베이스, 스네어, 하이햇 연주가 가능한 구조였습니다. 아무리 열심히 연주해도 알고리즘의 평가는 야박했죠.

여러 시행착오를 겪던 중, 딸기겉절이는 이런 메시지를 맞이

합니다. '[+] 환이님이 접속했습니다.' 딸기겉절이는 방금 막 접속한 환이에게 '전체 채팅' 기능으로 도움을 요청합니다. 그가 어디에 있는지 모르니, 모두가 볼 수 있는 전체 채팅을 사용한 것이지요. 환이는 메타버스 캠퍼스의 밴드 동아리, '떼껄룩'의 일원이었고, 분명 그런 환이라면 드럼에 재능이 있을 테니, 노하우를 여쭈어볼 만했죠.

딸기겉절이의 요청을 받은 3학년 환이가 거울못으로 달려옵니다. 실제 학년은 딸기겉절이가 선배였지만, 이곳에선 환이가 3학년 선배였습니다. 3학년 선배 환이의 도움으로 1학년 딸기겉절이는 곧잘 메타버스 내 드럼 연주법을 익힙니다. 여러 번의 시도 끝에 알고리즘의 '수강 완료' 평가를 받았습니다. 아주 멋있는 연주를 했다는 뜻이지요.

3학점의 적립에 성공한 딸기겉절이는 수강완료의 기쁨과 함께 이내 배고픔을 느낍니다. 물론 실제가 아닌, 메타버스 속 배고픔 말이지요. 아바타가 열심히 드럼을 친 탓에, 배고픔 수치가 떨어진 것입니다. 배고픔 수치가 떨어진 아바타는 새로운 음식을 먹을 때까지 느린 속도로만 걷게 됩니다. 계속 음식을 먹지 않고 방치하면 아사하기도 하죠. 움직임이 급격하게 느려진 딸기겉절이는 빨리 집으로 가서 음식을 먹어야겠다는 생각을 합니다.

집으로 이동

딸기겉절이의 집은 영남대학교 캠퍼스와 많이 떨어져 있었습니다. 캠퍼스를 나와 지하철을 탄 뒤, 아침역에 하차해서도 한참을 걸어가야 했죠. 당장 배가 고프고 피곤한 마당에 평소처럼 집을 가기엔 너무나 까마득했습니다. 그래서 딸기겉절이는 오랜만에 '홈 명령어(/h)'를 사용합니다. 바로 자신이 지정한 집으로 순간 이동할 수 있는 기능이지요.

물론 공짜는 아닙니다. 일종의 세금을 내야만이 사용할 수 있거든요. 딸기겉절이는 2코인의 세금을 낸 뒤, 집으로 순간 이동하기를 택합니다. 집에 도착한 딸기겉절이는 창고를 열어 맛있는 빵을 꺼내 먹지요. 이내 허기를 채운 딸기겉절이는 또 다른 중요한 일과를 해야겠다고 마음먹습니다. 바로 '농사'였습니다.

농사짓기

메타버스 세계에서 딸기겉절이의 직업은 다양합니다. 농부나 나무꾼이 되기도 하고, 어엿한 회사원이나 축구 선수가 되기도 하죠. 자신이 원하는 것들을 마음껏 펼칠 수 있는 메타버스 세계니까요.

그 중에서도 요즘 그가 많은 시간을 할애하는 것은 바로 농업입니다. 대규모 농장을 소유하고 있지는 않지만, 집 옆에 딸린 작은 텃밭에서 밀을 재배하고 있거든요. 딸기겉절이는 다 자란 밀을 수확하고, 다시 땅에 씨앗을 심기 시작합니다. 작은 규모라지만 노동의 양은 결코 적지 않습니다. 농사를 짓다 보니 어느새 날이 어두워지기 시작하네요.

　사실 그가 이토록 농사를 열심히 짓는 것은 그저 스스로 먹기 위해서가 아니었습니다. 비싼 가격에 농작물을 매입하는 '개미플러스유통'에 수확한 농작물을 팔기 위해서였죠. 여담이지만, 개미플러스유통 회사는 '개미마트 아침점'의 오픈을 앞두고, 진열할 상품 마련에 혈안인 상황이라고 하네요. 그래서 농사의 재미에 빠진 것은 딸기겉절이뿐만은 아니었습니다. 모두가 한탕을 노리며 농사에 몰두하고 있었죠. 어쨌든, 농사를 열심히 짓다가 저녁을 맞이한 딸기겉절이였습니다.

저녁 산책과 친구 만나기

　딸기겉절이의 집은 조금 멀기는 해도 외딴 곳에 위치해 있지는 않습니다. 아침이라는 작은 마을에 살고 있었거든요. 저녁 산책을 나오자, 마침 마을 광장에서 절궁이와 삐뽀, 야채시가 모닥불을 피워두고 음성으로 담소를 나누고 있습니다. 딸기겉절이도 근처에 가서 대화에 참여합니다.

　밤은 점점 깊어갔고, 밤하늘을 수놓은 무수한 별들 아래서, 따스한 모닥불과 함께 오순도순 즐거운 이야기들이 오갑니다. 현실에서 있었던 재밌는 일들은 물론, 메타버스 속에서의 삶에 대한 이야기가 여러 번 교차하지요. 모닥불로 아바타의 몸을 녹이다 보니, 딸기겉절이는 현실에서도 무수한 감상에 젖습니다. 현실에서는 하기 어려운 이런 경험들이 이곳에선 일상적으로 펼쳐지고 있는 것입니다.

학생들의
이야기로 보는 YUMC

메타버스 캠퍼스에서 일어난 모든 일들은 어느 한 사람의 이야기가 아닙니다. 비록 저의 글로 전달되고 있지만 모두가 함께 이끌었고, 모두가 함께 만들어 온 우리들의 이야기지요. 메타버스 캠퍼스의 주인공은 학생들 모두입니다. 그들이 직접 이야기하는 메타버스 캠퍼스의 모습은 어떨까요? 더욱 생생한 감정과 솔직한 감상들을 느껴보시기 바랍니다. 분명 더욱 와 닿으실 거예요.

나에게 YUMC는 '영남대학교 그 자체'다. 새로운 인연과 만남을 가져다 준 YUMC는 오히려 현실의 영남대학교 이상일지도 모른다. 특히 군대 송별회는 매번 인상적이었다. 내가 군대를 갈 때 YUMC를 알았더라면 얼마나 좋았을까?

- 퍼레

YUMC는 '놀이터'다. 현실에서 벗어나 나의 상상력과 꿈을 펼칠 수 있는 곳이니까. 그래서 어떤 꿈이 생겼냐고? 현실에서의 '내 집 마련의 꿈'이다. 아파트 말고 주택을 지어서 살고 싶다는 꿈. 내가 현실에서 주택을 지을 때까지 YUMC도 오래 갔으면 좋겠다.

- 토토로

YUMC는 '본가'입니다. 멀리 떠나도 항상 그곳에서는 저의 집이 있고, 저의 자리가 있으니까요. 저를 환영해주는 친구들도 있고요. 언제나 돌아갈 수 있는 나의 공간이 있다는 사실은 정말 좋은 거잖아요? 다재다능한 친구들을 많이 만날 수 있었고, 그들에게 많은 것을 배울 수 있었던 것도 YUMC가 저에게 준 큰 선물이겠네요.

- 포포

'인생'이라고 생각해요. 이곳에서 제2의 인생을 살면서, 제가 살아온 삶에 대해서도 많이 생각할 수 있었거든요. 코로나 시기에 하지 못했던 대학 생활을 채워준 것도 너무 고마운 인생의 한 부분이네요. 다만, 서버에서 열리는 여러 가지 행사에 적극적으로 참여하지는 못했던 게 늘 아쉬워요. 다음에는 꼭 참여하겠습니다.

- 낙무아이

온라인상에서 친구를 만나는 것이 가능할까, 하는 의문이 있었다. 주변의 안 좋은 시선이나 염려도 있었고. 근데 가능했다. 그래서 나는 YUMC가 '안경' 같다는 생각이 든다. 불확실해 보였던 것을 명확하게 보여줬으니까. 그리고 현실에서는 만나볼 수 없었던 나의 또 다른 모습을 아바타를 통해 볼 수 있게 해줬으니까.

- 야채시

나에게 YUMC란 '쉼터'다. 이유는 내 마음대로 자유로울 수 있는 공간이고, 그 안에서 하고 싶은 것을 하면서 즐거움도 만끽할 수 있기 때문이다. 현실에 지쳐있을 때는 그 자체로 큰 힐링이 되어주었다. 코로나로 술집도 잘 못 가는데, YUMC 속 클럽에서 술을 마셨던 기억이 제일 재밌었다. 실제처럼 취하지는 않더라도, 그런 걸 함께 누릴 수 있다는 게 너무 재미있고 인상적이었다.

- 삐뽀

저도 YUMC가 어릴 적 놀던 '놀이터' 같아요. 초등학교 다닐 때, 학교 종치면 가방 던져두고 노는 곳이 놀이터잖아요. 가면 언제나 같이 놀 수 있는 사람들이 있고, 현실에서 무슨 일이 있었든 거기만의 세계가 있고, 그곳에는 늘 즐거움이 있고.

- 윤지

나에게 이곳은 '새로운 만남의 장'이었다. 멋진 친구들과 귀여운 언니 동생들을 많이 만날 수 있었다. 서로 전공도 다른 이들이 메타버스에서 함께 만나 친구가 된다는 것은 정말 짜릿한 일이다. 함께 낚시하며 강가에 앉아 도란도란 이야기할 때가 제일 즐겁다.

- 공공

YUMC에서 다양한 사람들을 만날 수 있었고, 무엇보다 많은 사람들이 함께 하나의 목표를 세우고, 완수해 나가는, 그런 진귀한 경험을 얻을 수 있었습니다.

- 사막곰

마지막으로, 혹자의 물음을 소개하며 이번 장을 마무리할까 합니다. '메타버스 캠퍼스는 과연 동아리가 맞느냐?'는 물음이었죠. 외부에서는 저희를 곧잘 '동아리'로 인식하지만, 사실 저희도 잘 모르겠습니다. 저희는 '가상의 학교'이기도 하고, '학생들이 만든 새로운 세계'이기도 하고, 어떤 면에서는 '학교 동아리'이기도 합니다.

지금까지 여러분의 이해를 돕기 위해 '메타버스 캠퍼스'라는 용어를 임의로 사용했지만, 저희의 정식 이름은 '영남대학교 마인크래프트 서버 YUMC'입니다. 학생들은 주로 스스로를 '서버' 또는 줄여서 '섭'이라 칭합니다. 영남대학교 학생들이 만든 마인크래프트 서버라는 단순한 명칭이지요. 그저 많은 학생들이 모이고, 협력 체계와 소통 채널이 만들어지면서 '동아리 비슷한 무언가'로 바뀌어갔답니다.

하지만 일반적인 동아리라고 말하기엔 어색한 부분이 너무나도 많습니다. 여느 동아리들이 가지고 있는 동아리실도, 저희는 메타버스 공간 안에 위치해 있거든요. 회의나 만남도 주로 메타버스를 통해 이루어지고, 현실에서 얼굴 한번 보지 못하고, 본명조차 알지 못하는 동아리원이 너무나 많습니다.

어떻게 보면 저희는 현실과 가상, 과거와 미래, 그 어디 중간쯤에 있는 모임일지도 모르겠습니다. 어쩌면 미래 사회에는 이러한 형태의 모임을 쉽게 찾아볼 수 있게 될 지도요. 한번 상상해보세요. '실제 대한민국'과 '가상의 대한민국'이 공존하고, '실제 서울'과 '가상의 서울'이 공존하는 미래를요.

중요한 건 저희의 모임을 어떻게 규정할 것인가의 문제가 아닐 겁니다. '동아리', '동호회', '모임'과 같은 이름에 얽매이면, 그 너머에 있는 메타버스를 직시할 수 없습니다. 중요한 건 저희가 그런 경계를 허물고, 이름을 넘어 새로운 패러다임을 꿈꾸고 있다는 사실일 겁니다. 많은 숙제들이 풀릴 때까지 저희의 여정은 어떤 방식으로든 계속 이어질 것입니다.

<YUMC의 의미>

저희의 공식 명칭은 '영남대학교 마인크래프트 서버 YUMC'입니다. 많이 들었던 질문 중 하나는 왜 하필 'YUMC'라는 약칭을 사용하느냐는 것이었습니다. 서버Server라면 YUMS가 되는 것이 맞지 않느냐고 말이죠. 또한 영남대학교 병원의 이니셜도 YUMCYeungnam University Medical Center라서 혼동을 하시는 분들도 참 많았습니다. '영대병원에서 만든 메타버스'라는 오해들이었습니다.

YU는 영남대학교 Yeungnam University, MC는 Minecraft의 약자입니다. Server라는 단어를 굳이 영문 약칭에 담지 않았을 뿐이지요. 공교롭게도 MC는 메타버스 캠퍼스Metaverse Campus나 메타버스 동아리Metaverse Club의 약자가 될 수도 있습니다. 의도했던 것은 아니지만, 저희가 만들어낸 성과들에 비추어 봤을 때 굉장히 재미있는 일이라 할 수 있죠. 누군가 그렇게 의미를 부여한다고 해도 크게 부정할 필요는 없을 것 같기도 하네요.

YUMC

362 likes

metaverse   #minecraft   #YUMC

PART 3

메타버스
세상 만들기

메타버스 구축 및 운영노하우

메타버스 행사의 기획과 진행

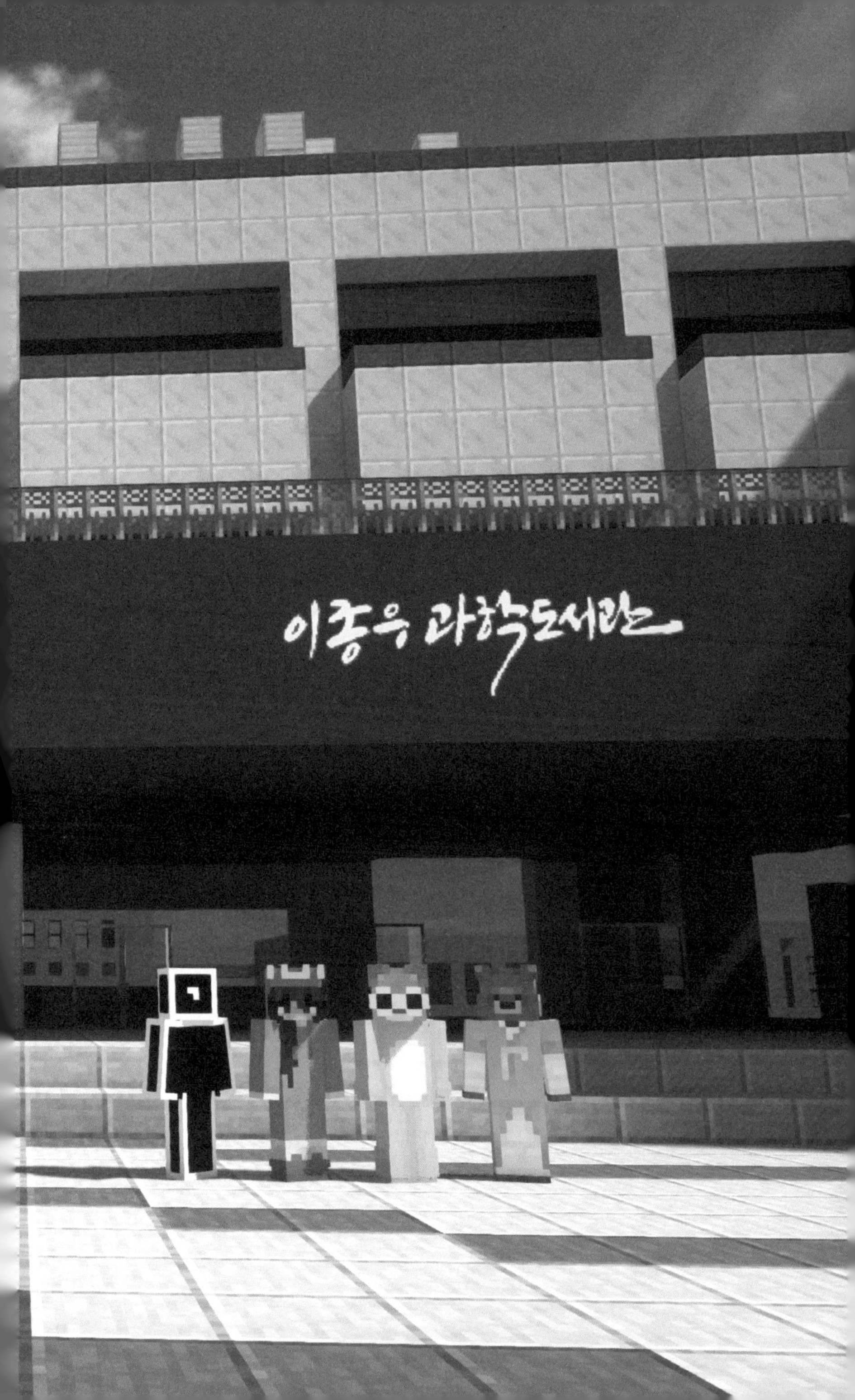
이종의 과학도서관

메타버스 구축 및
운영노하우
(사례 – LG전자 메타버스 수료식)

때는 바야흐로 2021년 7월, 여름이었습니다. 미국 카네기멜론 대학CMU 캠퍼스 뜰에 100여 명이 넘는 군중이 밀집해 있었습니다. '행사'라는 명목이었죠. 시끄러운 음악에 맞춰 춤을 추는가 하면, 마스크도 쓰지 않은 채 와인을 마시고, 신나게 옆 사람과 떠들어대는 모습... 아니, 이거 방역수칙 위반 아닌가요? 미국이라서 괜찮다고요? 더 놀라운 건, 거기에 참여한 인원의 대부분이 한국인이었다는 겁니다. 이 엄중한 코로나 시국에 단체로 미국까지 가서 행사를 열었다니, 한국에 돌아오면 온 언론의 지탄을 받을 것이 분명합니다. 거기다 이 행사의 주최가 'LG전자'였다네요. 'LG전자 사내 교육 프로그램'이라나 뭐라나. 아무리 대기업이라도 그렇지, 이렇게 막 나가도 되는 걸까요? 들려오는 LG전자 관계인의 변명은 이렇습니다.

'원래 미국 대학과 같이 진행하는 교육 프로그램인데, 올해는 코로나 때문에 한국에서의 화상 수업으로 대체할 수밖에 없었다. 그런 아쉬움을 달래고자, 수료식만큼은 백신을 맞고 현지에서 진행하고 싶었다.'

　그 뿐만이 아닙니다. 자체 경비행기와 낙하산을 이용해 정상적인 출입국을 거치지 않았다는 제보도 들립니다. 제보자 서 아무개 씨는 LG트윈타워 주차장에 '불법 백신접종 캠프'가 마련된 정황도 확인했다고도 하네요. 백신을 어떻게 빼돌렸는지도 미스터리입니다. 하지만 무슨 일이든 꼬리가 길면 잡히는 법이죠. 이 말도 안 되는 행사는 결국 전국 신문의 헤드라인을 장식하고야 말았습니다. 아니, 근데 어째 다들 칭찬밖에 하지 않는 걸까요?

LG전자 메타버스에서 진행된 수료식 행사

아마 예상하셨겠지만 이 행사는 실제 현실에서 개최된 행사가 아닙니다. 바로 메타버스 공간에서 이루어진 행사였죠. 그 공간이라 함은 저희 영남대학교 학생들이 LG전자와 협업해 만든 '카네기 멜론 대학CMU 가상 캠퍼스'였습니다. 위에서 말한 바와 같이, 매년 LG전자는 미국 카네기 멜론 대학CMU과 연계한 사내 교육 프로그램을 운영해왔다고 합니다. 매년 프로그램 수강자들은 일정 기간 미국을 방문, 카네기 멜론 대학에서 수업을 듣고, 수료식까지 현지에서 마친 뒤에야 한국으로 돌아올 수 있었죠.

하지만 코로나 시대에 이런 프로그램이 순조롭게 진행될 리 없었습니다. 수업은 오직 미국 교수님과의 원격 화상을 통해서만 이루어졌고, 수료식 같은 것은 당연히 꿈도 꾸지 못했죠. 그래도 명색이 '소프트웨어 전문가 육성을 위한 교육과정'인데 이런 아쉬움을 달랠 수 있는 멋진 한방을 LG 측에서도 애타게 찾고 있었던 것 같습니다. '수료식만큼은 메타버스를 활용해야겠다'는 LG전자의 열망이 저희에게 닿았던 것이지요.

2달이 채 되지 않는 기간 동안, 11명의 영남대 학생들이 '남의 나라 대학'을 구축했습니다. 지난 1년 동안 영남대 캠퍼스를 구축하고, 또 그 곳에서 다양한 행사를 기획 및 진행했던 경험을 십분 활용했죠. '소통의 중요성'에 주목했던 저희는 그 곳을 정적인 공간으로 만들지 않으려 애썼습니다. '백신을 접종한 뒤, 비행기를 타고 미국을 간다는 스토리 구성'이나 '보물 찾기', '박터뜨리기', '댄스 파티' 등의 액티비티적 요소에 많은 공을 들였던 것이 대표적 예시라 할 수 있습니다.

그렇게 구축된 메타버스 공간에서 두 차례의 수료식이 진행되었습니다. 사내 교육생들은 광활한 캠퍼스를 뛰어다니며 그 현장을 만끽했죠. 자유롭게 와인을 마시고, 동료들과 이야기를 나누었습니다. '뛰어다니며 구경하다 보니, 마치 실제 현실처럼 힘들다'는 한 교육생분의 소감이 유독 기억에 남습니다.

사실 그 동안 걱정이 많았습니다. 메타버스를 구축하고 운영해왔던 저희의 1년간의 여정이 '보편성'을 가질 수 있을까 하는 문제였죠. '그저 소꿉놀이에 불과한 것이 아닐까'하고요. 그런데 LG전자 메타버스 구축에 참여하며, 그 고민이 기우였다는 사실을 깨달았습니다. 저희가 만든 공간은 저희의 생각 이상으로 정말 멋진 곳이었죠. 그 경험과 노하우를 그대로 쏟아 부은 LG전자 메타버스 수료식이 그리도 멋지게 마무리된 것을 보면요. 자, 이제부터 궁금해지실 거예요. '메타버스 구축을 위한 진짜 노하우'를 짤막하게나마 알려드릴게요.

다양한 플랫폼을 경험하고 이용하세요

영남대 메타버스와 LG전자 메타버스는 모두 마인크래프트 플랫폼을 활용하여 만들어졌습니다. 따라서 책 내용의 대부분도 마인크래프트에 대한 것으로 할애되어 있지만, 마인크래프트만이 정답인 것은 아닙니다.

아시다시피 메타버스 플랫폼은 굉장히 많습니다. 사용자의 니즈와 구현하려는 메타버스의 성격에 맞는 플랫폼을 사용해야 할 것입니다. 그저 유명하고 인기 있는 플랫폼을 선택하면 어련히 메타버스가 실현될 것이라 기대해선 안 됩니다. 훌륭한 패션 쇼를 열겠다면서 아바타 요소가 부족한 '게더타운'을 사용할 수는 없다는 거지요.

제가 드릴 수 있는 말씀은 가능한 한 많은 플랫폼을 경험해보라는 것입니다. 꼭 직접 체험의 형태가 아니어도 좋습니다. 유튜브만 조금 검색해보아도 해당 플랫폼을 이용한 다양한 사례를 확인할 수 있고, 간접적으로 그 경험을 공유받을 수 있습니다. 플랫폼과 그 플랫폼이 그리는 세계에 대한 숙지가 없는 채로 메타버스를 온전히 실현할 수 없습니다. 현실에서도 사무실을 구하려면 직접 상가를 방문해 보거나, 적어도 사진은 봐야 하는 것과 마찬가지지요. 또, 메타버스라고 해서 다 같은 메타버스가 아닙니다. 플랫폼 별로 가지고 있는 특성과 구현 가능 범위, 장단점은 모두 상이합니다.

모든 장점을 갖춘 '궁극의 메타버스'는 존재하지 않습니다. 그렇기에 단일한 플랫폼으로 모든 것을 실현하겠다는 생각에서도 벗어날 필요도 있습니다. 보조 플랫폼을 사용한다고 그것이 메타버스가 아니게 되는 것은 아닙니다. 보조 플랫폼의 사용은 메타버스에 더 많은 가능성과 체험의 기회를 열어줍니다.

가령, 마인크래프트의 경우 자체적으로 음성을 중개해주는 시스템을 제공하지 않습니다. 마인크래프트만 사용한다면 텍스트 채팅 정도의 소통만 가능하죠. 여기에 디스코드라는 음성 중개 플랫폼을 함께 사용함으로써 더 큰 시너지 효과를 발휘할 수 있습니다. LG전자 메타버스의 경우, 마인크래프트와 함께 Webex 회의 플랫폼을 사용하기도 했습니다.

보조 플랫폼이 필요한 이유가 그저 단점을 극복하기 위해서만은 아닙니다. 일례로, 영남대 메타버스 캠퍼스에 들어온 한 학생은 절대로 '채팅 기능'을 사용하지 않았습니다. 디스코드를 통한 음성 중개는 잘만 사용하면서도 글자로 치는 채팅은 단 한 마디도 하지 않았던 거죠. 의아하게 생각했는데, 나중에 물어보니 '채팅은 기록이 남을 것 같아 찜찜하다'고 말하더군요.

아직까지 메타버스 플랫폼에 대한 불신과 걱정을 가진 분들도 많이 있습니다. 정보 보안에 민감한 분들은 자신의 활동 기록이 어딘가에 노출되는 것이 걱정돼 SNS를 사용하지 않는 경우도 있지요. 그런 분들을 위해서라도, 그러니까 메타버스에 대한 편견과 두려움을 해소하기 위해서라도, 여러 보조 플랫폼의 활용은 꼭 필요한 일일지도 모릅니다.

지나친 현실 반영은 삼가세요

메타버스는 단순한 현실의 반영이 아닙니다. 그렇다고 해서 완전히 현실을 아득히 뛰어넘는 무엇도 아닌 것 같습니다. 어쩌면 그 경계를 아슬아슬하게 줄 타는 것이 메타버스일지도 모릅니다. '메타버스 캠퍼스'라는 용어의 방점은 '캠퍼스'보다는 '메타버스'에 두어야 합니다. 현실의 캠퍼스 모습을 반영하고 있다지만, 학생들로 하여금 '또 다른 삶을 살아가는 체험'을 주는 것이 제일 중요한 일이니까요. 그렇기에, 지나치게 현실적인 역할과 요소를 강제하게 되면 사람들은 거부감을 느낄 수밖에 없습니다.

처음 영남대 메타버스 캠퍼스를 구축할 때는 저도 이 부분에 대한 고민이 부족했습니다. 그래서 애당초 저는 '실명제' 운영을 고려했지요. 닉네임이 아닌 실명으로, 학번과 학과마저 드러나는, 그런 형태의 메타버스였죠. 여러 난점으로 끝내 실명제를 도입하지는 않았지만, 자칫 잘못하면 '아바타로 새로운 삶을 살고자 하는 학생들의 욕구'를 크게 훼손할 뻔했습니다. 나중에 이 초기 기획을 학생들에게 들려주었더니, '그런 시스템이었다면 절대 들어오지 않았을 것'이라 경악하더군요.

메타버스 속에서 재현되는 현실은 어디까지나 메타버스라는 특성에 걸맞게 이루어져야 합니다. 이 사실을 망각하면, 메타버스는 아무런 의미를 지닐 수 없게 되겠죠.

조금은 다른 맥락이지만, LG전자의 메타버스를 구축할 때도 비슷한 반응이 있었습니다. '여느 현실의 수료식처럼 가만히 앉아 축사를 듣기는 싫습니다. 여기는 메타버스잖아요?' 맞습니다. 메타버스로 수료식을 하겠다면서, 현실을 그대로 옮겨 놓기만 한다면 무슨 의미가 있을까요? 메타버스는 현실에서 하지 못하는 것들을 마음껏 구현할 수 있는 공간인걸요. 결과적으로 LG전자 수료식은 다양한 액티비티와 함께 이루어졌답니다. 현실에서는 예산 문제로 하기 힘든 대규모 보물찾기, OX게임, 박 터뜨리기 등이 진행되었죠. 자칫 잘못하면 굉장히 재미없는 공간이 될 뻔했습니다.

유저에게 소속감을 주어야 해요

현실에서도 어떤 공간이건 그곳에 애정이 없다면 오래 머무르기란 힘듭니다. 쉽게 접속하고, 쉽게 떠날 수 있는 메타버스 공간은 그런 면에서 더욱 극단적이기도 합니다. 기껏 열심히 메타버스 캠퍼스를 만들어 두었는데, 하루 이틀 뒤에 떠나버리면 아무런 의미가 없을 것입니다. 물론 모든 학생들의 수요와 재미를 잡기란 힘들 것입니다. 이는 현실적으로 인정해야 할 문제지요. 실제로 캠퍼스 건물만 몇 개 구경하고 떠나는 이들도 적지 않았거든요.

그럼에도 저희 메타버스 캠퍼스에서 굉장히 많은 학생들이 캠퍼스 라이프를 즐길 수 있었던 것은, 그들에게 어떠한 소속감이 부여되었기 때문일 겁니다. '내가 메타버스 캠퍼스 YUMC'에 다닌다는 자각이죠. 이것이 하루아침에 가능한 일은 아니겠지만, 확실한 방법은 있습니다.

바로 다양한 행사를 통해 적극적으로 참여한다는 인식을 주는 것이죠. 앞에서 설명한 '군대 송별회'나 '생일 파티'와 같은 것들이 대표적입니다. 자신이 어떤 행사에 적극적으로 참여하고, 또 다수의 사람들로부터 축하와 위로를 받는 일이 잦아진다면, 그 사람에게 있어 그 공간과 집단은 굉장히 중요한 의미로 다가올 것입니다.

이런 행사 또한 학생들끼리 자발적으로 열기만을 기대하고 있어서는 안 됩니다. 모두가 서로를 낯설어하는 환경 속에서 '특별한 핵인싸'가 존재하지 않는 한, 자연스레 행사가 성립되기란 어렵지요. 운영자가 주도적으로 행사를 기획하고 실행하는 모습을 보여준다면, 어느 순간부터 학생들이 자발적으로 행사를 기획하는 일도 심심찮게 일어날 것입니다.

소통채널을 적극적으로 활용하세요

무엇보다 중요한 것은 '소통 채널'을 적극적으로 개방하는 일입니다. 여기서의 소통은 학생들 간 소통에만 국한되는 것이 아닙니다. 학생들과 메타버스 운영자 사이의 소통도 포함되지요. 그저 메타버스 캠퍼스만 달랑 만들어두면, 학생들끼리 알아서 소통을 할 것이라 기대하는 건 순진한 생각입니다. 현실에서도 모르는 이들을 한 공간에 모아 두기만 한다고 금방 친분이 생기는 것이 아니듯, 메타버스에서도 마찬가지입니다. 물론 아바타를 통해 소통한다는 점에서 현실보다는 훨씬 적극적으로 다가갈 수 있겠지만요.

저희 메타버스 캠퍼스에서는 카카오톡 오픈채팅이나 디스코드 채널을 개설해, 메타버스 속 소통이 더 큰 확장성을 가질 수 있도록 도왔습니다. 내가 당장 메타버스 속에 접속해있지 않더라도, 온라인 공간을 통해 계속 연결되어 있다는 느낌을 받을 수 있도록 말입니다.

캠퍼스 내에서도 다양한 채팅 기능과 감정 표현 기능을 도입하여 풍부한 의사소통을 할 수 있도록 했습니다. 메타버스 속 카페를 만들어, 다양한 대화 주제를 제공한 것도 큰 인기를 끌었습니다. 무엇보다 그 과정에서는 학생들 간 교류를 연결해주고, 그들의 필요사항을 끊임없이 수렴하는 '운영자의 역할'이 중요했다 할 것입니다.

유저들의 흥미를 유지하는 법

누구나 콘텐츠를 설계하고 자신이 원하는 목표를 설정할 수 있는 마인크래프트의 장점은 참으로 좋은 것이지만, 지속적인 소통과 교류에도 불구하고 학생들의 흥미가 떨어지는 시기는 꼭 찾아오곤 했습니다.

결국 '메타버스 캠퍼스를 어떻게 지속해나갈 것이냐'의 문제였죠. 물론 신규 유저를 계속 유치함으로써 극복할 수도 있었지만, 앞서 말한 것처럼 홍보를 하는 시기의 문제 등 한계는 있었습니다. 메타버스는 접속하는 것도 쉬웠지만, 나가는 것 역시 어렵지 않았으니까요. 자신의 '아바타'의 수명이 다했다고 생각하면, 더 이상 접속을 하지 않으면 되었습니다. 그 원인이 무엇이었을까요? 한번 생각해보시기 바랍니다.

우리는 현실에서 '생존 욕구'를 느낍니다. 마땅히 자신의 생명을 유지하기 위한 활동들을 하죠. 옷을 입고, 밥을 먹으며, 배변을 하는 등의 일입니다. 이것들을 위해 우리는 고정적인 지출을 해야 합니다. 무언가를 먹고 입기 위해서는 반드시 재화가 필요한 거죠. 끊임없이 재화를 소비할 수밖에 없는 구조는 우리에게 '계속되는 생산성'을 요구합니다.

그러나 메타버스에서는 자신의 아바타를 계속 유지해야 한다는 '의무'가 반드시 부과되지는 않습니다. 마인크래프트 세상에서의 '생산적 활동'이란 '아바타의 생명 유지'를 위한 것이 아니라, 오로지 '창의성의 실현'과 '소통과 교류'에 있었던 것입니다. 그래서 얼마든지 자신이 원하는 아바타의 삶을 살고, 멋진 친구들을 사귀었다고 생각하면, 그 일을 그만두어도 무방했던 거죠. 이를 타개하기 위해서는 학생들에게 '계속되는 생산성'을 부여할 필요가 있었습니다.

그렇게 도입한 것이 바로 '시즌제'였습니다. 몇 달을 주기로 학생들이 만든 마을과 사유재산, 회사를 몽땅 초기화시켜버렸죠. 그리곤 새로운 시즌이 시작되었음을 선언했습니다. 시즌이 바뀌면, 그 전의 모든 것들은 '박물관 안'으로 들어갔습니다. 살아남는 것은 캠퍼스 건물뿐이었죠. 학생들이 반발했을 것 같다고요? 천만의 말씀. 다소 극단적으로 보이지만, 학생들의 열렬한 환영을 받았습니다. 더 이상 그릴 공간이 없던 도화지를 거두고, 새로운 도화지로 교체해준 것이었으니까요.

새로운 바탕 위에서 학생들은 다시 마을을 건설하고, 친구를 사귀기 시작했습니다. 지난 시즌에는 교류가 없던 학생과 이웃이 되기도 하고, 지난 시즌에는 해보지 못한 직업을 새롭게 가지기도 했죠. 늘 말단 사원만 하던 친구가 새 시즌에서는 새로운 회사를 설립하는 식이었습니다.

어느 교수님의 코멘트로 뒤늦게 알게 된 것이었지만, 이런 '시즌제의 도입'은 실제 인류 역사에도 등장하는 것이었더군요. 고대 이스라엘에서는 50년을 주기로 '희년禧年'이라는 특별한 해가 있었다고 합니다. 모든 노예가 해방되고, 모든 부채가 탕감되며, 모든 토지의 소유권이 원래의 상태로 회복되었죠. 쉽게 말해 '리셋Reset', 모든 소유가 원래대로 돌아가는 해인 것입니다. 사유재산의 축적으로 인한 생산성 감소를 해결하고, 더불어 함께 살아가는 사회를 희망했던 고대 이스라엘인들의 지혜였겠죠. 놀랍지 않나요?

운영자의 지위 문제는?

어떠한 일이 있어도, 메타버스 캠퍼스를 '사유화'하는 일이 있어서는 안 됩니다. 자신이 모든 것을 구축하고, 그 운영을 책임지고 있다 하더라도, 그곳은 많은 학생들이 함께 꾸려가는 곳이지, '나의 것'이 될 수는 없습니다. 그래서 운영자는 단순히 시스템을 변경하고, 운영 방식을 새로이 마련하는 것에도 조심을 기울여야 합니다. 그런 일련의 일들이 독단적으로 이루어진다면 학생들은 그 메타버스 캠퍼스를 '믿을 수 없는 곳'으로 여기고 말 겁니다.

그래서 저희는 체계적인 규칙을 정했고, 운영자조차 그 규칙 위에 군림할 수 없다는 원칙을 세웠습니다. 사소한 일도 학생들의 의견을 반영하고자 여러 번의 설문조사를 진행하기도 했죠. 이는 학생들에게 '메타버스 캠퍼스의 주인이 자신'이라는 생각을 느끼게 만들어줬습니다. 누가 시키지 않아도 자발적으로 건축을 돕고, 디자인과 코딩 작업에 적극적으로 참여했죠. '누군가가 주도적으로 기획하는 공간'이 아니라, '내가 직접 참여해 만들어가는 공간'이 된 것입니다.

금전적 문제에 봉착했을 때는?

사실 이 부분은 굉장히 현실적인 문제입니다. 앞서 말씀드린 것처럼, 마인크래프트는 누구나 직접 서버를 구동할 수 있도록 설계되어 있습니다. 저도 학생들이 언제든지 '영남대 메타버스'의 세계로 접속할 수 있도록 24시간 서버를 운영해야 했습니다. 이 과정은 생각보다 까다로웠죠. 가장 간단한 방법은 제 컴퓨터에 서버 구동기를 설치하고, 24시간 컴퓨터를 켜두는 것이겠지만, 그 불편이 이만저만이 아닐 것입니다. 혹여 모종의 이유로 컴퓨터가 종료되거나 바이러스에 감염이라도 된다면, 학생들이 애써 만든 캠퍼스와 마을은 단숨에 사라져버리고 말 테니까요.

안정적인 관리를 위해서는 서버 호스팅사에 돈을 주고, 서버를 맡겨두는 편이 나았죠. 여기에는 당연하게도 '이용료'가 따라왔습니다. 이용료에 따라 서버의 사양이 달랐고, 동시접속 가능 인원의 수도 차이가 있었습니다. 낮은 사양의 서버를 이용하면 당연히 많은 학생들이 들어올 수 없겠지요. 매번 이용료를 혼자서 내는 것은 큰 부담이었습니다.

혹자는 '학생들에게 접속료나 회비를 받는 것이 어떠냐'고 제안했습니다. 실제로 그럴 의사가 있다는 학생들도 많았죠. 그러나, 마인크래프트를 하기 위해 이미 플랫폼 구입비 3만원을 MS사에 결제하고 온 학생들에게, 또 다시 돈을 청구한다는 것은 있을 수 없는 일이었습니다.

저는 대신에 '자발적인 후원'을 받기로 결정했습니다. 여기서 중요한 건, 그 후원이 자발적인 응원의 형태여야 했다는 겁니다. 그 금액도 일정 이상 넘어가지 않도록 조치했을 뿐 아니라, 후원에 대한 보상을 지급하거나 후원을 했다는 이유로 더 좋은 대우를 해주지 않을 것이라 못 박았죠. 그저 공식 홈페이지 한편에 후원자 리스트를 작성해 공지하는 것이 전부였습니다.

'아무런 혜택도 없는 후원을 왜 하겠느냐' 생각하셨다면 오산입니다. 후원 폼을 열자마자 많은 학생들의 후원이 연달아 이어졌습니다. 몇 달 치 서버 운영금을 적립했죠. 오히려 학생들은 '아무런 혜택이 없었기에, 더 마음 놓고 후원할 수 있다'고 말했습니다.

제가 운영하는 이 메타버스가 '경제적인 성취'를 위해 만들어진 것이 아님이 자명해졌기 때문입니다. 그저 돈을 벌기 위해서였다면, 후원자에게 굉장히 좋은 혜택을 주며, 많은 후원을 유도했을 것입니다. 그랬다면 학생들은 자신들이 몸담은 메타버스 캠퍼스의 진실성을 의심했겠죠. 학생들을 위해 만들었던 저의 진심이 통했던 겁니다.

메타버스를 운영하며 느끼는 여러 난점 가운데, 가끔은 진심을 보이는 것 외에는 더 나은 해결책이 없을 때도 있습니다. 이는 메타버스를 성공시키는 열쇠가 단순한 기술이나 경제에 있는 것이 아니라, 사람 대 사람의 소통과 진심에 있음을 보여준 것이라 하겠습니다.

운영 체계와 업무분장은?

저희 메타버스 캠퍼스는 원활한 운영을 위해 다음과 같은 체계를 갖추고 있습니다. 단순히 저 혼자의 힘만으로는 이 거대한 세계를 이끌어 나가는 데에 부족함이 많기 때문입니다. 여러 가지 시행착오를 겪어 만들어진 체계이기 때문에, 새로운 메타버스를 꿈꾸는 여러분들에게 도움이 되리라 생각하여 별도로 첨합니다.

운영위원회

운영위원회는 메타버스 캠퍼스의 대외 운영과 소통을 담당하는 기구입니다. 메타버스 내부의 기능이나 일들을 관장하는 것이 아니라 '모임 조직으로서의 YUMC' 전반을 관리하고, 홍보를 포함한 관련 사업을 추진하죠. 후술할 관리진이 메타버스 자체에 중점을 두고 있다면, 운영위원회라는 기구는 조금 더 현실적인 차원을 향해 있습니다.

가령 메타버스 캠퍼스를 이용한 온라인 입학식을 개최한다고 가정하면, 참여 학생을 모집하고 학교 홍보팀과 연락하는 일 등을 담당하게 되는 거죠. 운영위원회는 대표(위원장), 부대표(부위원장), 기획팀장, 대외협력팀장, 홍보팀장, 개발지원팀장, 연구팀장으로 구성됩니다. 각자 자신만의 목표와 역할이 있는 것이죠.

관리진

관리진은 메타버스 캠퍼스 내부의 운영을 담당하는 그룹을 의미하지요. 일반 학생들처럼 마을을 꾸리거나 경제 활동에 참여하는 행위들을 하지 못하는 대신, 모든 것을 할 수 있는 OP오퍼레이터operator 권한을 부여받습니다. 마인크래프트 세계에서 OP 권한을 갖고 있는 사람은 밤과 낮을 바꾸거나, 자유자재로 비행하고, 원하는 블록을 언제든지 소환할 수 있는 권능을 가집니다. 이 기능들을 활용하여 유저의 불편을 해결하고, 디자인, 코딩을 포함한 다양한 내부의 업무를 총괄하는 역할을 담당하죠. 현재는 관리자(대표, 운영위원장을 겸함)인 저와 4명의 매니저 학생들로 구성되어 있습니다.

디스코드 헬퍼

디스코드discord란, 마인크래프트와 동시 사용하는 별도의 소통 채널입니다. 별도의 플랫폼이지만, 메타버스 캠퍼스에 접속한 이들이 음성으로 소통을 이어갈 수 있도록 도와주죠. 하지만 관리와 설정이 까다로워 이에 능통한 이들의 도움을 받을 필요가 있습니다. 또한 디스코드 사용법에 익숙하지 못한 이들을 위해서는 오랜 시간 음성 채널에 머물며, 그들을 도와줄 인력이 필요하기도 했습니다. 디스코드 헬퍼는 그 역할을 하기 위해 선발된 인원입니다.

이 세 가지 그룹은 함께 메타버스 캠퍼스를 운영하는 조직이지만, 원칙적으로 서로를 간섭하거나 서로의 고유한 권한을 침해하지 않습니다. 우열을 가릴 수도 없고요. 그저 각각의 목적과 임무가 있을 뿐입니다. 운영위원회는 외치를, 관리진은 내치를, 그리고 디스코드 헬퍼는 학생들 간의 소통을 책임지는 역할을 담당하죠.

그렇다고 해서 이 세 그룹끼리의 분쟁이 아주 없는 것은 아닙니다. 책임을 다투기 어려운 문제들이나 정확한 업무 담당을 알 수 없는 경우, 그리고 서로의 업무가 겹치게 되는 경우도 종종 발생하거든요. 이를 조율하는 것은 오로지 관리자(대표)인 저의 역량입니다. 그런 이유로, 메타버스 세계에서도 리더의 역량은 매우 중요합니다. 통합과 배려, 소통은 그 핵심이라 할 수 있고요. 오히려 현실 이상의 자유로움을 가진 세계이기 때문에 그런 역할들이 더욱 중요해지는 것일지도 모르겠습니다. 🎲

메타버스 행사의
기획과 진행

YTN에 보도되었던 메타버스 캠퍼스

저희들의 메타버스 캠퍼스가 유명세를 치르게 된 것은, 몇 건의 언론 보도가 나간 뒤였습니다. 전 세계적으로 메타버스가 주목을 받으면서, 1년도 훨씬 전부터 메타버스 캠퍼스를 구축하고 운영한 저희들의 이야기가 신선하게 다가왔기 때문일까요? 한국경제신문을 시작으로 YTN, 매일경제신문, 교수신문 등의 주요 매체들이 저희를 보도하고 조명하기 시작했죠.

그 후로 정말 많은 분들의 연락을 받았습니다. 사업을 제안하거나, 협업을 요청하는 연락들. 대부분은 '메타버스 내에서 행사를 열고 싶다'는 이야기였죠. 많은 요청이 있었지만 거의 응하지 않았던 것은 초심을 지키고 싶다는 신념 때문이었습니다. 그저 학내 구성원들에게 작은 도움이 되고 싶어서, 그저 좋아서 시작했던 일이었으니까요. 여기저기서 금전적 대가를 받으며 행사를 구축하다 보면, 초심을 잃어버리고 저희들이 자발적으로 만들어가던 우주에 균열이 생길 것만 같은 불안을 느꼈습니다.

대신, 저희의 경험과 오랜 고민의 결과물을 많은 분들께 전달하는 작업에 몰두하기 시작했습니다. 역으로 '행사 구축 노하우 강연'을 제안하기도 하고, 자발적으로 무료 강연을 열기도 했습니다. 저희의 사례를 발판 삼아 더 멋진 메타버스 행사가 개최되고, 우리 사회에 작게나마 기여할 수 있으면 좋겠다는 생각을 했습니다. 그 생각의 연장선에서, 메타버스 행사를 기획하고 진행하는 노하우를 간단히 알려드리려 합니다.

메타버스의 장점을 극대화하기

『맹자』에는 '절장보단(絕長補短)'이라는 말이 나옵니다. '긴 것을 잘라 짧은 것을 보충한다'는 뜻으로, 쉽게 말해 '장점으로 단점을 극복한다'는 의미지요. 메타버스 행사를 기획할 때도 이 '절장보단'의 가르침을 염두에 두어야 합니다. 우선, '현실에서만 가능한 것'과 '메타버스에서만 가능한 것'들을 잘 구분해 살펴보길 바랍니다. 가령, 세부적인 VR기기를 요구하지 않는 플랫폼에서는 현실처럼 세세한 동작을 구현하는 것이 어려울 것입니다. 복잡한 안무로 구성된 축하댄스는 플랫폼에 따라 '현실에서만 가능한 것'으로 분류되겠지요. 반면, 무한한 공간의 확장이나 갑자기 장소가 변경되는 등의 연출은 오로지 메타버스에서만 가능한 것이라 할 수 있습니다.

메타버스에서 불가능한 요소들은, 메타버스에서만 가능한 요소들로 다시 채워야 합니다. 그게 바로 메타버스에서의 '절장보단'입니다. 신선함이라는 무기로 그 한계와 단점을 극복하는 것이지요. '뭐야, 이런 것도 안 돼?'라는 의구심이 '이런 것도 되네!'라는 통찰로 이어질 때, 우리는 큰 성과를 기대해볼 수 있습니다. 그 지점을 놓쳐버리면, '메타버스는 이런 것도 안 되고, 저런 것도 안 된다'는 실망과 푸념만 남을 뿐이겠지요.

다음은 저희가 '온라인 입학식' 행사를 기획하며 작성했던 표입니다.

현실에서만 가능한 것	길이가 긴 영상을 상영하는 것, 옆 사람에게 귓속말을 하는 것, 복잡한 축하공연을 하는 것, 초대형 스크린을 띄우는 것, 각양각색의 화려한 조명을 쓰는 것.
메타버스에서만 가능한 것	모두에게 동일한 물건을 줄 수 있음, 다양한 각도에서 촬영이 가능함, 시간을 바로 변경해 불꽃놀이를 할 수 있음, 캠퍼스 투어를 바로 진행할 수 있음, 개인 화면에 다양한 시각적 효과를 제공할 수 있음.

이렇게 표를 만들어 정리하다 보면 '가능한 것'과 '가능하지 않은 것'을 구분할 수 있게 되고, 어떤 강점을 통해 그 약점을 극복할 수 있는지 알게 됩니다. 사소한 것들이라도 괜찮습니다. 하나씩 나열하다 보면 그 속에서 대안을 찾을 수 있게 되거든요.

마인크래프트에서는 현실과 같은 대형 스크린을 설치하는 것이 어렵습니다. 모델링 가능한 크기에 한계가 있기 때문이죠. 하지만, 입학식과 같은 대형 행사에는 그에 걸맞은 대형 스크린이 반드시 필요할 것입니다. 그럼 메타버스에서 입학식을 진행할 수 없는 걸까요? 그건 아닙니다. 대신 저희는 각자의 화면 우편에, 개별적으로 작은 스크린이 띄워지는 방법을 택했지요. 메타버스로 진행되는 행사에는 굳이 현실과 같은 대형 스크린을 무대 중앙에 설치할 필요가 없습니다. '개인 화면에 다양한 시각적 효과를 줄 수 있다'는 장점을 십분 활용하면 그만이었습니다.

현실의 행사에 그 기준을 맞추다 보면 '메타버스에서 불가능한 것'이 부각되어 느껴지곤 합니다. 하지만 메타버스에는 현실에서 이루지 못하는 여러 가지 대안이 존재할 수 있습니다. 물론

이 과정에서는 행사를 구축하려는 플랫폼에 대한 폭넓은 이해가 바탕이 되어야 할 것입니다.

적절한 플랫폼을 선정하라

맞습니다. 어떤 플랫폼을 사용할 것인지에 대한 고민은 매우 중요합니다. 사실 이 고민이 가장 먼저 선행되어야 하겠지요. 플랫폼에 따라 구현 가능한 범위나 내용이 천차만별일 것이기 때문입니다. 메타버스에 대한 이해도가 부족한 분들은 '무슨 플랫폼이든 다 비슷할 것'이라는 생각에 그저 언론에 많이 소개되는 플랫폼을 무작정 따라 쓰려다 낭패를 보는 경우가 많습니다. 위에서도 한 번 언급했던 내용이지만, 메타버스 행사를 위해서도 가능한 한 많은 플랫폼을 직간접적으로 경험해봐야 합니다.

메타버스 행사에 적합한 플랫폼을 찾기 위해, 몇 가지 확인해야 할 부분이 있습니다.

첫째는 '해당 플랫폼이 무료인가?'하는 문제입니다. 해당 플랫폼을 사용하기 위해 별도의 결제나 소프트웨어 구매가 필요하다면, 그것은 '유료 플랫폼'이라 할 수 있습니다. 유료 플랫폼은 접근성 면에서 제약이 생길 수밖에 없지요. 이 책에서 소개되는 '마인크래프트'도 대표적인 유료 플랫폼입니다. 샌드박스적 특징을 극대화한 데다가, 각 사용자가 자신만의 서버를 열 수 있다는 특징은, 분명 개발사인 MS 입장에서 쉽게 수익을 낼 수 없는 구조일 것입니다. 그래서 그 플랫폼 자체가 유료로 판매되고 있는 것이죠.

마인크래프트로 진행되는 행사는 그 자체로 무궁무진한 확장성을 가집니다. 그럼에도 '라이선스를 구매해야 한다'는 장벽이 분명 존재하지요. 많은 인원을 수용하기 위해서는 결제가 필수적인 게더타운이나, 닌텐도 스위치라는 특정 제품군을 필요로 하는 동물의 숲도 마찬가지입니다. 이런 플랫폼을 활용해 행사를 개최한다면 당연히 비용 부담을 떠안아야 할 것입니다.

둘째로는, 한국어의 지원 여부를 반드시 검토해야 합니다. 게더타운은 아예 한국어를 지원하지 않고, 로블록스의 경우 인터페이스 면에서는 한국어를 지원하지만, 개별 게임으로 들어가면 한국어가 없는 것들이 훨씬 많지요. 기획하는 메타버스의 주요 방문자가 어떤 언어를 쓰는지, 어떤 연령층인지에 따라 고려가 필요한 부분이겠죠.

셋째로는 '맵 수정을 할 수 있는가'라는 질문입니다. 메타버스의 샌드박스적, 그리고 오픈월드적 특성을 얼마만큼 살리고 있냐는 문제와도 같죠. 대부분의 플랫폼들은 자체적으로 맵을 수정하는 기능을 제공하고 있지만, 그 구현의 자유도는 플랫폼마다 천차만별입니다. 마인크래프트는 누구나 직접 블록을 채집하고 쌓음으로써 맵을 수정할 수 있지만, 동물의 숲의 경우 그 규모에 따라 많은 제약이 따릅니다. 또한 애써 만들어 둔 맵을 참여자가 부수거나 변형할 수 있는 것은 아닌지 체크해볼 필요도 있습니다.

혼돈과 자유로움을 활용하라

메타버스에서 진행되는 행사들은 '번잡하다'는 인상을 주기 쉽습니다. 여기저기 질서 없이 뛰어다니다 춤을 추는 이들이 있는가 하면, 기술적 문제로 중계가 끊기거나, 접속이 되지 않는 경우가 발생할 수도 있죠. 사실 메타버스에서 계획대로 완벽한 행사를 진행하는 것이 쉬운 일은 아닙니다. 저희도 메타버스 캠퍼스에서 많은 행사들을 진행해 왔지만, 매번 갖가지 사소한 문제들이 꼭 발생하곤 했거든요. 하지만 저는 이것이야말로 메타버스 행사의 매력일 수도 있겠다는 생각을 합니다. 오히려 그런 자유로움과 혼돈을 인정하고, 그것을 새로운 형태로 이해하고 장려할 수 있는 유연함이 메타버스 시대의 덕목일지도 모릅니다.

학생들이 메타버스에서 추석 차례를 진행할 때의 일입니다. 밤늦은 시간에 차례 행사가 준비되어 있었는데, 이른 아침부터 서버 네트워크가 말썽이었죠. 차례상을 준비해야 하는 학생 몇몇은 아예 서버에 접속조차 할 수 없었고, 어렵게 접속한 친구들도 계속 연결이 끊기는 불행을 겪어야 했습니다. 그렇다고 몇 주 전부터 기획된 행사를 계속 미룰 수도 없는 노릇이었습니다. 어떻게든 해결을 해야 했기에, 긴급회의가 소집되었습니다.

그런데, 여기서 신선한 아이디어가 제시되었죠. 지금 사용하는 서버는 네트워크 문제로 접속할 수 없으니, 모든 맵을 임시로 개설한 서버로 옮긴 뒤, 그곳에서 '달집태우기' 행사를 함께 진행하자는 것이었습니다. 달집태우기는 정월대보름 날에 큰 불을 질러 행운을 기원하는 행사인데, 그게 추석이랑 네트워크 문제랑 무슨 관계냐고요? 본래 저희들의 메타버스에서는 '대형 불을 지른다'는 것을 상상조차 할 수 없었습니다. 학생들이 지어둔 목조 건물이 홀라당 타버리지는 않을까, 기술적으로 큰 불이 일어나지 않도록 제한해 둔 상태였거든요.

하지만 모든 맵을 임시 서버로 옮기게 되면, 그 세계는 원본과는 다른, '복사된 세계'에 불과하게 됩니다. 실제 저희가 살아가던 원본 공간과는 독립된 별개의 세계이니, 모든 제한으로부터 자유로워도 괜찮았죠. 비록 추석과 어울리는 것은 아니었지만, '전통 놀이'라는 측면에서 좋은 그림이 나올 것 같기도 하였습니다.

그렇게 저희는 급히 계획을 변경했죠. 차례 행사 이후 '달집태우기'를 진행하기로요. 결과는 대성공이었습니다. 학생들은 좀처럼 구경할 수 없었던 큰 불에 열광했습니다. 심지어는 큰 불이 자신들의 집에 옮겨 붙는 광경을 보며 '새로운 일탈'에 즐거워했죠. 이는 메타버스에서 일어날 수 있는 혼란을, 새로운 관점으로 뒤집어 해결한 예시라 할 수 있겠습니다.

달집태우기 도중 불이 번져 타오르는 모습

　꼭 달집태우기의 예시가 아니더라도, 메타버스의 자유로운 특성을 일부러 활용하는 것은 그 행사를 더욱 다채롭게 만들 수도 있습니다. 행사 도중 계속 돌아다니는 아바타가 있다면, 아예 그 제한을 풀어 '축제'와도 같은 형태로 행사를 변형시켜도 됩니다. 지나치게 현실의 엄숙한 잣대와 기준으로 메타버스 세계를 재단할 필요는 없습니다. 저희들이 '엄숙하고 지루해지기 쉬운 입학식에 활발한 액티비티를 혼합시켰던 것'이나 '군대 송별회 가운데 무대와 객석의 경계를 없애버리는 것' 등을 시도했던 것처럼 말이죠.

예기치 못한 상황은 이렇게

압니다. 그렇다고 모든 행사를 축제처럼 할 수는 없다는 것을 요. 저마다의 조건과 환경이 다르기에, 모두에게 그런 요구를 하는 것은 황당한 일이겠지요. 학생들로 이루어진 저희 모임과는 달리 '임원이 참여하는 회사 행사'나, '진지한 결론을 도출해야 하는 회의 자리'를 마냥 축제처럼 진행하기란 어렵습니다.

저희가 구축에 참여했던 'LG전자 수료식'이 꼭 그런 경우였죠. 불가피하게 찾아오는 기술적 문제들은 차치하더라도, 참여 구성원들의 '조작 미스'나 '지나치게 자유로운 이동'을 통제할 필요는 있었습니다. 어떤 플랫폼을 이용해 행사를 개최하든, 그 가운데에는 해당 플랫폼에 익숙하지 않은 이가 반드시 있기 마련이지요.

이들을 위해 사전 매뉴얼을 준비할 필요가 있습니다. 그 안에는 플랫폼을 설치하고 접속하는 방법, 세밀한 조작 방법에 대한 내용들이 필수적으로 담겨야 하겠죠. 현실에서 진행되는 행사에서 '의자에 앉는 법'을 모르는 사람은 없을 것입니다. 하지만, 메타버스 세계에서는 누구에게나 당연한 것이 아닐 수도 있습니다. 일례로, LG전자 수료식 가운데에는 계속해서 옆으로만 걷는 아바타가 있었습니다. 마인크래프트 조작에 익숙했던 저희들은 '그 분이 옆으로만 걷는 이유'를 도통 이해할 수 없었죠. 나중에 알고 보니 '마우스를 이용해 방향을 조종할 수 있다는 사실'을 모르고 계셨던 겁니다. 오로지 키보드로만 조작을 하고 있었으니, 그저 옆으로만 걸을 수밖에요. 물론 이용자들이 이런 사항들을 사전에 체크할 수 있도록, 미리 매뉴얼 숙지 기간을 두어야 할 것입니다.

매뉴얼만 마련해두면, 행사 당일에는 아무에게도 '조작 미스'가 일어나지 않을까요? 그렇지는 않을 것입니다. 또 '지나치게 조작을 잘해서' 문제가 생기는 경우도 있습니다. 행사가 진행되는 도중에 의자가 아닌 테이블에 앉아 버린다든가, 행사장 바깥을 마구 돌아다니는 일이 있어서는 안 되겠죠.

촬영 담당 : 김현도, 박관규 (2명)
방송실 : 박요셉, 서승완, 채시은 (3명)
모니터링 : 박민지, 박수진, 배영훈, 이두경, 이보경, 장선아 (6명)

이상은 LG전자 수료식 행사 당일의 저희의 '업무분장표'입니다. 촬영과 방송실은 알겠는데, 6명이나 배정되어 있는 '모니터링'이 무엇이냐고요? 생뚱맞게 표를 등장시킨 것은 아니고요, 저 '모니터링'의 역할이 필수적이라는 이야기를 드리려고 합니다. 모니터링을 맡은 학생들은 100여 명이 넘는 행사 참석자들의 상황을 주시하며, 그들을 안내하고, 심지어는 직접 이동시키는 역할을 수행했습니다. 혹여 단상에 서 있는 참석자의 접속이 끊기기라도 하면, 잽싸게 아바타를 바꾸어 대역을 맡기도 했죠.

학생들은 각각 15~20명의 인원을 전담하였습니다. 또한 같이 모니터링을 맡은 인원들끼리는 소통을 위해 별도의 창구를 추가로 활용하였고요.

저는 이런 모니터링 인원의 존재가 메타버스 행사를 진행함에 있어 필수적이라 말씀드리고 싶습니다. 많으면 많을수록 더욱 좋고요. 한 발짝 더 나아가, 자신이 전담한 인원들에게 전화번호를 공유해 긴급 응대 창구를 열거나, 몇몇 핵심 인물에 한해서는 컨트롤을 대신해주는 방법이 동원될 수도 있겠습니다. 물론 진정한 의미의 메타버스에서는 조금 벗어날 수도 있지만, 행사의 완성도를 올리는 방법들이지요.

멋진 메타버스 행사의 비결

항상 '메타버스 행사'에 대한 강연이나 자문을 하다 보면, 이런 질문을 받습니다. '메타버스 행사를 구축할 수 있는 업체를 추천해 달라'고요. 물론 최근 들어 메타버스 행사를 구축해주는 업체가 생기고, 관련 대행업들이 성행하고 있음을 알고 있습니다. 그 중에는 완벽한 퀄리티로 행사를 구축하고, 빵빵한 사후 지원을 해주는 곳들이 분명 있겠지요. 하지만 저는, 메타버스 행사에 대한 접근 방식이 현실 행사와는 조금 달라지기를 주문하고 싶습니다.

저희가 경험한 메타버스는 그저 돈만 쥐어준다고 번듯하게 만들어질 수 있는 공간이 아닙니다. 거기서 뛰어 노는 것이 재미있고, 그곳을 꾸려나가는 것이 재미있는 이들의 자발적인 노력과 창의성이 실현되는 공간입니다. 그 안에서 개최되는 여러 가지 행사에도 마냥 돈으로만 살 수 없는 귀중한 가치들이 분명 있습니다. 메타버스 행사를 구축하는 데 있어서도, 그들과 협업하고, 그들의 이야기에 계속 귀를 기울여 주셨으면 합니다. 그리고 과감히 그 세계로 발을 디뎌주셨으면 합니다. 그것만이 멋진 메타버스 행사를 만들어내는 유일한 비결이 아닐까요? 💃

SPECIAL
INTERVIEW

메타버스에
사는 사람들

나만의 철도 세상 만들기
시공간을 초월한 중세시대 메타버스
서울대 학생들이 만드는 메타버스
[메타대담] 철학, 인문학에서 보는 메타버스

 나만의 철도 세상 만들기

 interviewer
서승완(저자)

 interviewee
김재원(수원외고 3학년)

장소 : 영남대학교 메타버스 캠퍼스 – 포키네 커피숍

김재원(수원외고3) 학생이 만든 전동차 모델

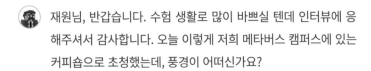 재원님, 반갑습니다. 수험 생활로 많이 바쁘실 텐데 인터뷰에 응해주셔서 감사합니다. 오늘 이렇게 저희 메타버스 캠퍼스에 있는 커피숍으로 초청했는데, 풍경이 어떠신가요?

안녕하세요, 저야말로 이렇게 말씀 나눌 수 있는 기회가 생겨서 기쁩니다. 오늘도 계속 공부를 하다가 들어왔는데, 이제야 숨통이 좀 트이는 것 같습니다. 이렇게 마인크래프트 공간으로 들어올 때마다 매번 새롭고, 행복하더라고요.

마음에 들어 하셔서 다행이에요. 사실 오늘 재원님 오신다고 학생들이 인테리어에 꽤 신경을 쓴 것 같습니다. 어제랑 또 많이 달라졌네요. 이제 그럼 본격적으로 이야기에 들어가 볼까요. 마인크래프트를 초등학교 3학년 때부터 하셨다고요?

네, 맞습니다. 지금이 고등학교 3학년이니까, 많은 시간이 흘렀네요.

처음 접하게 된 계기를 알 수 있을까요?

제가 철도에 워낙 관심이 많아요. 지금도 마찬가지지만, 당시 초등학생들 사이에 마인크래프트가 큰 인기였어요. 그런데 그 안에서 철도를 만들 수가 있더라고요. 아무래도 정해진 룰을 따르는 게임이 아니라, 자신만의 창의성을 발휘할 수 있는 플랫폼이라는 점이 제 흥미를 자극했던 것 같아요.

맞아요, 사실 재원님과 이렇게 인연이 된 것도, 저희 영남대학교 학생들이 지하철을 만드는 과정에서 조금 도움을 받게 된 것인데요. 철도를 만드는 실력이 예사롭지 않으세요. 직접 전동차를 설계하고, 모델링을 통해 구현하고.

네, 사실 마인크래프트에서 기본적으로 제공하는 철도는 많이 단조롭잖아요. 그래서 마인크래프트가 제공하는 커스텀 리소스팩 기능을 활용해서, '내가 직접 만들어보자' 했던 게 시작이었어요. 혼자 독학하고 외국 자료를 찾으면서 도로 시설물이나 신호기, 기타 교통수단도 만들게 되었어요.

그런가요? 저희는 철도 말고는 크게 사용하는 교통수단이 없는데, 나중에 기술 지원을 한 번 받을 수 있으면 좋겠다는 생각이 드네요. 재미있는 교통수단도 많이 만들어 보셨을 것 같아요.

뭐, 여러 가지가 있습니다만 '수직으로 올라가는 열차'를 한 번 말씀드리면 좋겠네요. 현실에서는 수직으로, 하늘로 올라가는 열차 같은 건 없잖아요? 기본적으로 중력의 법칙에 반하는 것인데, 메타버스 세상이니까 가능한 교통수단이죠.

정말 재미있는데요? 메타버스는 현실을 닮아 있지만, 어떤 의미에서는 현실을 완전히 초월하는 곳이니까, 그런 것도 가능하네요. 저희도 학생들이 직접 지하철 공사를 하면서 자신들만의 노선을 구축하고, 교통 인프라를 마련해냈어요. 재원님은 그런 경험이 몇 배나 많을 테니 많이 배워야겠습니다. 아까 커피숍으로 오면서 보셨겠지만, 아직 철도가 불비한 지점이 많아요.

감사합니다. 저도 그 정도로 대단하지는 않은데요, 그런 교통 인프라에 많이 신경을 쓰는 건 사실이에요. 제가 예전에 운영했던 공간은 실제 현실처럼 열차 간 배차 간격도 있고, 환승 시스템도 엄청 체계적으로 되어 있었습니다. 학업을 이유로 운영을 그만둔 것이 아쉽네요.

아무래도 고등학교 3학년이니, 학업에 대한 고민이 많으실 것 같아요. 전자공학과를 목표로 하고 계신다고 하셨나요? 전자공학과 철도도 관련이 있나요?

물론이죠. 쉽게 말씀드리면 전자공학과에서 반도체 같은 것들을 배우는데, 이게 요즘 열차를 제어하고 무인화하는 기술들과 밀접한 관련이 있거든요. 철도 반도체나 소프트웨어의 중요성이 나날이 대두되고 있어요. 어떻게 보면 제가 좋아하는 철도를 마인크래프트라는 메타버스 플랫폼을 통해 더 상세히 공부할 수 있었고, 그게 제 진로하고도 연관된 것이니 서로 시너지 효과를 낸다고 할 수 있겠네요.

마인크래프트라는 메타버스 플랫폼에 교육적인 효과도 있다, 이런 말씀으로 들리네요.

네, 물론이죠. 한 가지 더 말씀드리면, 제가 학교에서 기하를 배우는데, 마인크래프트를 일찍부터 접했던 것이 큰 도움이 되는 것 같아요. '그저 게임이다', '공부에 도움이 안 된다', 이렇게 생각하기 쉬운데, 그게 전혀 아닌 것 같아요.

정말 Z세대의 귀중한 경험담이고, 교육받는 입장에서 해줄 수 있는 이야기인 것 같아요. 제가 책을 쓰면서 '메타버스'와 '교육'을 연관 지은 내용을 많이 다루지 못했거든요. 아쉬웠는데, 오늘 인터뷰를 통해서 이렇게 보충을 하게 되네요. 혹시 앞으로도 메타버스를 활용한, 그리고 마인크래프트를 활용한 계획이 있을까요?

제가 대형 철도 커뮤니티를 예전부터 운영하고 있었거든요. 수능이 끝난 뒤에는 커뮤니티 사람들을 대상으로 '메타버스 철도 체험 행사'를 한 번 열어보면 어떨까, 하는 생각을 갖고 있어요. 제가 만든 철도들은 실제와 유사하게 운전실을 완비하고 있고, 다양한 사람들의 증언과 사진 자료를 참고해서 차량 기지들까지 만들어본 적이 있거든요. 일반적으로 갈 수 없는 곳들을 메타버스 공간에서 직접 체험할 수 있도록 하고, 그 경험을 많은 분들과 나누고 싶어요.

저희 영남대 학생들도 초대해 주실 거죠?

네, 꼭 초대하겠습니다. 수능이 끝나면, 다양한 교통수단에 대한 기술 지원부터 먼저 해드려야죠.

감사합니다. 어떻게 보면 재원님께서 만드는 우주와 저희가 만들어가는 우주는 상이한 공간이잖아요. 마인크래프트 플랫폼을 쓴다는 공통점은 있지만요. 그 상이한 우주들끼리 기술이 이전되고, 공유되고, 영향을 주고받는 것도 정말 재미있네요. 마지막으로 저희 독자들께 전하고 싶은 이야기가 있을까요?

이 이야기를 꼭 하고 싶었는데요, 마인크래프트는 제 인생을 바꿔놓았고, 그리고 또 누군가의 인생을 바꿀지도 모른다는 것이에요. 마인크래프트를 통해 제가 제 진로를 설정하고 올바르게 나아갈 수 있었습니다. 비단 마인크래프트뿐만 아니라, 앞으로 다가올 미래 사회에서 메타버스 플랫폼들이 해줄 수 있는 역할이 매우 클 것이라 생각하고요, 그래서 이 책 제목처럼 저도 계속 '메타버스에서 살기'에 동참하고 싶어요.

네, 감사합니다. 오늘 시간 내주셔서 감사드리고, 학업에 정진하셔서 목표하시는 바를 꼭 실현하셨으면 좋겠습니다.

감사합니다.

시공간을 초월한 중세시대 메타버스

 interviewer
서승완(저자)

 interviewee
오성현(디자이너)

장소 : 영남대학교 메타버스 캠퍼스 – 인연역 인근

'인연'역 인근을 산책하는 두 사람

성현님, 잘 계셨죠? 오랜만에 뵙는 것 같아요. 우리 오래 전부터 알고 있었는데, 항상 이렇게 아바타로만 뵙네요. 요즘 일 때문에 많이 바쁘실 텐데, 시간 내주셔서 감사합니다. 여기 참 예쁘죠? '구라미'라는 학생이 만든 마을이에요. 또, 여기 동네 이름이 '인연'인데, 우리의 오랜 인연을 상징하는 거 같네요.

작년에 영남대학교 서버에 초청해 주셔서 잠깐 방문했는데, 또 많이 바뀐 것 같아요. 방금 여기 오는데, 지하철역에 '우리 모두 인연입니다' 이런 문구가 붙어있더라고요. 예전에 각자 마인크래프트 서버를 만드는 과정에서 서로 도움을 주고받았는데, 그 인연이 여기까지 왔네요. 인터뷰 초대해 주셔서 감사합니다.

아무래도 저희 영남대학교 학생들의 이야기만으로는 부족한 부분이 있는 것 같아서, 이렇게 인터뷰 기회를 마련했습니다. 성현님께서는 또 중세 건축 전문가시잖아요. 메타버스 플랫폼에서 자신만의 공간을 구축하고, 독보적인 영역을 개척하고 계신데, 그런 부분들을 독자들께 들려주시면 좋을 것 같아요.

과찬이세요. 그냥 역사를 좋아하고, 중세에 좀 관심이 많았던 것뿐인데요. 뭔가 처음에는 제가 좋아하는 역사를 체험해보고 싶다는 생각이 먼저였던 것 같아요. 제가 살아보지 못한 시대에 대한 동경이라고나 할까요? 각종 판타지 소설에도 중세 배경이 많이 나오잖아요. 거긴 아예 현실에선 실현이 불가능한 곳이니까....

메타버스는 현실과 비교했을 때, 시공간의 제약을 덜 받는 곳인 것 같아요. 아니, 어떤 면에서는 완전히 초월할 수 있는 곳이죠.

네, 그런 매력 때문에 마인크래프트를 시작했고, 저만의 중세시대를 만들었어요. 처음에는 중세풍의 건물만 만들다가, 어느 순간부터 중세시대의 세세한 풍경들을 다 묘사하기 시작했죠.

기억이 납니다. 예전에 초대받아서 많이 놀러갔잖아요. '라이프'를 내세우셨던 것 같아요. 실제 중세시대를 살아가는 체험을 주고 싶다고.

이름까지 기억해 주셔서 감사해요. 정말 중세를 동경하고, 그 시대를 살아보고 싶은 이들이 많이 모이셨어요. 그런 분들과 함께 구축해나가는 것도 큰 재미고 성과였죠. 처음에는 그냥 건물만 지으려고 했는데, 그 안에 사람이 살아야 하고, 사람을 살게 하려면 복식과 건축 양식을 공부할 수밖에 없잖아요. 그 과정에서 세계가 점점 커가는 거죠. 제가 영남대를 보면서 새삼 또 느끼는데, 사람들이 같이 모여서 그 세상을 꾸려나가다 보면 사람을 구하고, 같이 협업하고, 월급을 주고, 이런 사회의 작동 메커니즘에 대한 공부도 가능하더라고요.

맞아요. 마인크래프트에는 역시 '생존'이라는 부분이 있죠. 생존하려면 협업해야 하고, 같이 살려면 역할 분담도 해야 하고. 그런 게 다 '공부'가 아닌가 하는 생각이 드네요.

네, 부끄럽게도 아까 저 더러 '중세 전문가'라고 하셨는데, 저도 처음에는 좋아하고 동경하기만 할 뿐, 실제로 중세에 대해 아는 지식은 전무했어요. 오히려 마인크래프트 플랫폼을 통해 저만의 중세를 구축해가면서 진짜 많은 공부가 된 것 같아요.

어떻게 보면 저희 영남대학교 메타버스 캠퍼스는, 굉장히 현대적인 느낌이거든요. 캠퍼스도 캠퍼스지만 저희 현실에서 볼 법한 양식들의 건물들로 가득 차 있고. 그런데 성현님께서 만드시는 메타버스는 완전히 다른 시대를 만들어나가는 것이니, 그 나름대로의 의미가 클 것 같아요. 저는 동양 철학 전공이라 그런지, 언젠가 조선시대를 배경으로 한 메타버스를 만들어보고 싶더군요. 말씀대로 조금 판타지적인 요소도 같이 추가해 봐도 좋을 것 같고.

그런 자신만의 시대를 메타버스에 구현한다고 했을 때, 공부 이외에 어떤 어려움이 있을까요?

저 같은 경우는 영남대의 사례처럼 같이 함께 참여할 수 있는 인원을 쉽게 모으지 못했어요. 메타버스 캠퍼스에는 그 자체로 많은 학생들이 있잖아요? 물론 어려움도 있으셨겠지만, 저는 주변 친구들이 마인크래프트를 잘 안 하더라고요. 대신 인터넷 상에서 많은 분들을 만났는데, 또 구인, 구직 시장이 굉장히 활성화되고 있는 거 아세요?

네, 본 것 같아요. 잘 모르는 독자들을 위해 이야기해 주실 수 있나요?

혼자서 모든 걸 만들 수는 없으니까 저도 구인도 해보고, 또 실력을 키우기 위해서 구직도 해봤거든요. 이게 뭐냐면, 마인크래프트 상에서 건축을 한다든가, 아이템을 만든다든가, 그런 기술을 가진 분들끼리 페이를 주고받으며 일하는 거예요. 여러 마인크래프트 커뮤니티에 그런 구인, 구직이 가능한 공간이 제공되어 있어요. 커미션 사례도 많이 늘어나고 있고요.

앞으로 메타버스 내 아이템이나 건축물을 지어주는 현실 회사도 생길 수 있겠네요?

네, 요즘 메타버스가 주목받다 보니까 그런 사례가 더 늘어나는 것 같아요. 외국에는 이미 한국 이상으로 활성화되어 있을걸요? 오히려 한국에서는 아직까지 제대로 대접받지 못하는 부분이 있는 것 같아 아쉬울 때가 많아요.

그게 무슨 의미인가요?

가령 이런 거예요. 제가 디자인 일을 하고 있잖아요? 일러스트를 그리는데, 간혹 '취미로 그리는 것'과 '일로 그림을 그리는 것'의 차이를 잘 모르시는 분들이 계세요. '그림은 누구나 그릴 수 있는 건데, 그걸 어떻게 돈 주고 파냐?' 이렇게 이야기하는 분들이 이따금 계시거든요.

정말인가요? 저는 한 번도 그렇게 생각해본 적이 없네요. 당연히 정당한 대가를 받아야 하는 것일 텐데요.

네, 물론 요즘은 전반적인 인식이 그렇지는 않아요. 하지만 몇십 년 전까지만 해도 '일러스트 그림을 돈 주고 판다'는 것에 대해 부정적으로 생각하시는 분들도 많이 있었대요. 그냥 낙서 정도로만 생각한 거죠. 저는 메타버스도 마찬가지 관점으로 볼 수 있다고 봐요. 메타버스에서 만들어지는 건축물이나 아이템들을 그저 '데이터 조각쯤'으로만 이해하고, '실물로 나타나지도 않는데, 이게 어렵냐?' 이렇게 생각하시는 분들이 분명 있어요. 저는 이런 시각 자체가 바뀌어야 하지 않나, 싶어요.

그러게요. 아무래도 메타버스 산업이 굉장한 주목을 받으면서, 게임 내 아이템을 돈 주고 사고판다는 것에 대해 큰 거부감을 느끼거나, 이상하게 생각하는 시각도 분명 있는 것 같아요. 하지만 그것이 현실 이상의 가치를 충분히 가질 수 있고, 또 그렇다는 이야기를 분명히 해야겠죠. 말씀하신 것처럼 그저 '데이터 조각쯤' 이 아니라는 시각.

🎮 어쩌면, 메타버스를 단순히 '새로운 산업'으로 정의내리는 것이 옳지 않을지도 몰라요. 그저 '새로운 산업'이라고 말하면 신기하고 이질적인 것으로 비추어질 수 있잖아요. '새로운 산업'이 아니라, '당연한 산업'으로 대우받았으면 해요.

🎮 실제로 중세 건물을 만드는 커미션도 진행하시고, 그런 일들을 구인, 구직해 보셨기 때문에 할 수 있는 귀중한 말씀들인 것 같아요. 또 하고 싶은 얘기가 있으실까요?

🎮 저는 오늘 인터뷰를 읽는 독자들께서, 적극적으로 메타버스를 활용해 보시기를 주문하고 싶어요. 특히 마인크래프트요. 마인크래프트라는 게, 아예 처음부터 나의 창작 욕구를 실현할 수 있고, 저마다의 목적을 달성할 수 있는 멋진 플랫폼이잖아요. 교육용으로 활용하는 사례들도 보이고, 어떻게든 여러분께 많은 도움이 되실 거라고 생각해요.

🎮 예전에 성현님이 '저희 어머니는 마인크래프트를 하는 것에는 혼내지 않는다'는 말씀을 하셨던 생각이 문득 나네요.

🎮 학창 시절 이야기인걸요. 어머니께서도 마인크래프트는 게임이 아니라, 훌륭한 교육 플랫폼이다. 이렇게 인식하고 계세요. 앞으로 다가올 메타버스 시대에 더욱 주목받고, 활용 가치가 높을 것이라 생각합니다. 특히 일상에서 벗어나 새로운 우주, 오픈월드

를 경험하고 싶으신 분들께는 꼭 추천하고 싶어요. 다른 삶을 살아가고 싶으신 분들께도요.

좋은 말씀 감사합니다. 클로즈드 월드(Closed World)가 아니라, 오픈 월드(Open World)라는 것. 이 오픈(Open)의 의미에 대해서 우리가 계속 고민해 나가면 좋겠네요. 오랜만에 오셨는데 조금 둘러보다가 나가시죠. 인터뷰 감사드립니다.

저도 이렇게 이야기 나눌 기회가 있어서 좋았습니다. 영남대 학생이 아닌데 실례를 끼쳐도 괜찮을까요? 계속 잘 부탁드릴게요.

물론이죠. 고맙습니다.

오성현 디자이너가 지은 중세교회

서울대 학생들이 만드는 메타버스

 interviewer
서승완(저자)

 interviewee
안민규
(BTS 대표, 서울대 전기정보공학부 20)

장소 : 서울대학교 메타버스 캠퍼스

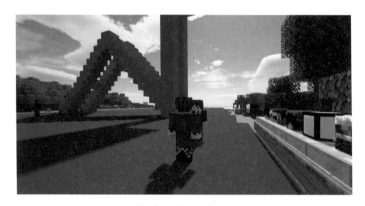

서울대 메타버스 캠퍼스에서

민규님 반갑습니다. 저희 공간으로 자주 놀러 오셔서 이런 자리
가 낯설지는 않네요. 제게 처음 연락하셨을 때만 해도 날씨가 참
따뜻했는데, 점점 추워지고 있습니다. 계속 이렇게 교류할 수 있
어서 기쁩니다. 오늘은 사전에 말씀드린 것처럼 '메타버스에서
살아가는 학생들의 이야기가 궁금한 독자'들을 위해 한 말씀 나
누는 시간을 마련해 봤습니다.

인터뷰 기회를 주셔서 감사합니다. 저도 영남대학교와 많은 교류

의 흐름을 만들고 있어 기쁩니다. 오늘 인터뷰도 기쁘게 참여하 겠습니다.

네, 민규님도 저희 영남대학교처럼 서울대 메타버스 프로젝트인 BTS(Build the SNU)를 운영하고 계신데요, 잘 모르시는 독자분들 을 위해 간단히 소개해 주실 수 있을까요?

네, Build the SNU Project, 줄여서 BTS Project는 현실세계의 서울대학교 캠퍼스를 마인크래프트로 구현하는 프로젝트입니다. 코로나19로 정상적인 대학생활이 불가능해졌기 때문에 가상세 계에서라도 학교를 가보고 싶었습니다. 그 구현 방식을 고민하던 중 마인크래프트라는 게임이 떠올랐고, 2021년 6월에 본격적으 로 건축을 시작했습니다. 'Build and Reconnect SNU'라는 저 희의 표어를 들으신다면, 어떤 느낌인지 감이 오실 거예요.

'Build(건축)'만 하는 것이 아니라, 'Reconnect(재연결)'도 하고 있다는 이야기군요. 저희 영남대도 마찬가지지만, 코로나로 인 해 아무도 만날 수 없고, 교류할 수 없는 암울한 현실 속에서 'Reconnect(재연결)'이 시사해주는 바가 크다는 생각이 드네요. 'Build(건축)' 역시 혼자서 할 수 없는 것일 테고요.

네, 맞습니다. 현실에서 당장 즐길 수 없는 콘텐츠들을 체험하고, 궁극적으로 하나의 메타버스를 구축하는 것을 목적으로 하고 있 습니다. 말씀하신 것처럼 서울대학교 재학생들이 서버에 자유롭 게 들어오고, 함께 캠퍼스를 짓고, 또 구경할 수 있는 환경을 제공 하고 있지요. 영남대도 마찬가지로 알고 있는데, 이 모든 과정이

저 혼자만의 역량으로 이룬 것은 아니에요. 다양한 전공의 학생들이 도움을 주고 있죠.

네, 영남대도 서울대도 학생들의 자발적인 노력과 협업을 통해 메타버스를 이루고 있다는 점은 정말 특기할 만한 점이라고 생각해요. 서울대 메타버스 캠퍼스는 저도 초대해주셔서 많이 들렀는데, 매번 그 웅장한 규모와 정성에 놀라고 있습니다. 저희보다 훨씬 규모 있게 잘 만들고 계시는 것 같아요.

아직 가야할 길이 많은걸요. 다만, 몰입감을 위해 현실과 메타버스를 1:1.5의 비율로 구현하기 시작했더니, 더 웅장해 보이는 것 같아요. 무엇보다 저희 서울대학교는 경사가 급한 산에 위치해 있어서, 그 높이를 구현하는 데에 특히 많은 공을 들였습니다. 고도맵(height map) 기능을 활용해 관악산의 지형을 구현하였고, 여러 기술들을 연구해서 현실적인 건축물을 짓는 데에 많은 도움을 얻었습니다.

역시 그런 비결이 있었군요. 저희는 아예 처음부터 현실보다 작은 규모로 짓고 있거든요. 그래서 가지는 애로사항들도 있는데, 또 반대로 현실과 유사한 규모이기에 가지는 애로사항도 있을 것 같아요. 특히, 서울대와 영남대학교가 또 재미있는 인연이 하나 있잖아요. 전국에서 캠퍼스 크기로 나란히 1위와 2위를 차지하고 있다는 것.

네, 아무래도 그렇더라고요. 2021년 10월 현재, 정문이나 사회대 등의 건물이 완성되었는데, 전체의 20%에 불과해요. 2022년 봄

학기 이전에는 모두 완공하고 싶네요. 완공이 된다면 단순히 현실세계를 재현하는 것에 그치는 것이 아니라, 더욱 멋진 메타버스 환경이 될 수 있도록 콘텐츠를 확충하고 있습니다. 이런 점은 영남대 서버로부터 많이 배우고 있어요.

저희도 서울대의 웅장한 규모와 노력을 보며 많이 자극 받고, 배우고 있는걸요. 이렇게 서로 간에 긍정적인 영향을 주고받는다는 것이 참으로 좋은 것 같습니다. 몇 달 전, 민규님께서 저희에게 연락 주신 이후로, 협력관계를 구축해가면서 많은 대학들을 만났잖아요. 전 이런 흐름이 참 좋은 것 같아요.

상호보완적인 관계를 갖는다는 점이 아무래도 좋죠. 좀 전에도 말씀드렸지만, 저희는 서버 운영 및 콘텐츠 개발에 관한 아이디어를 영남대 서버에서 많이 얻고 있습니다. 반대로 저희의 건축 시스템은 다른 대학들께 많이 도움이 되겠지요. 또 여러 가지 교류 행사를 메타버스 내에서 개최함으로써 여러 가지 한계점도 극복할 수 있을 것 같아요.

'극복될 수 있는 한계점'이라고 하면 어떤 것들이 있을까요?

서울대학교 학생들만으로는 즐길 수 있는 콘텐츠의 한계도 있고, 새로운 사람들을 만나고 싶은 욕구도 항상 있으니까요. 메타버스라고 다르지는 않은 것 같아요.

정말 공감이 가는 이야기입니다. 결국 원점으로 다시 돌아와서 말씀드리자면, '재연결(Reconnect)'이라는 게 정말 핵심이다. 그런 생각이 드네요.

네, 그리고 이런 흐름들이 앞으로 더 많이 이어질 것이라 기대해요. 작년까지만 해도 양상이 많이 달랐는데요, 요즘은 메타버스에 대한 관심이 높아지고, 많은 분들이 필요성에 공감하고 계셔서 정말 다행이라는 생각을 합니다. 작년에는 제가 다니던 와부고등학교를 마인크래프트로 마련하는 프로젝트를 했는데, 그때까지만 해도 여러 가지 콘텐츠를 마련하고 활동하는 데에 장애물이 많았거든요.

고등학교 때부터 그런 발상을 하셨군요. 지금도 저희가 모르는 어딘가에서 계속 그런 시도들이 이루어지고 있지 않을까 싶네요. 그저 사람을 만나는 것이 아니라, 여러 가지 우주가 만들어지고, 그 우주들이 연결되는, 그런 초우주 메타버스를 한 번 꿈꿔봅니다. 그 꿈에 계속 동참해 주실 건가요?

물론입니다. 무엇보다 가장 큰 목표는, 메타버스를 통해 끊어졌던 만남을 다시 이어주는 것입니다. 화상 강의가 따라가지 못하는 몰입감과 공간성으로 사람과 사람을 이어주고 싶어요. 그런 목표를 영남대와 함께 이루어갈 수 있어서 다행입니다. 언젠가는 마인크래프트 또한 뛰어 넘어, 더욱 멋진 메타버스 플랫폼도 한 번 개발해 보고 싶네요.

멋진 말씀 감사합니다. 함께 메타버스에서 계속 살아가 봐요. 오늘 시간 내어주셔서 감사합니다.

감사합니다.

서울대 BTS 로고

[메타대담]
철학, 인문학에서 보는 메타버스

최재목
(영남대학교 철학과 교수)

서승완
(『나는 메타버스에 살기로 했다』 저자)

서승완(이하 서) : 교수님, 안녕하세요. 요즘 메타버스가 굉장한 화두로 떠올랐는데요, 저는 메타버스에 있어서 가장 중요한 것이 '인문학적인 기반'에 있지 않나, 그런 생각을 하고 있습니다. 그런데 세간에서는 너무 기술적 문제나, 경제적 가치에만 논의의 중점을 두고 있는 것 같아 아쉬울 때가 많습니다. 그래서 오늘 교수님과 '메타버스와 철학'에 대한 이야기를 나누면서, 그런 논의의 바탕이 될 수 있는 초석을 한번 세워보면 어떨까, 그런 기대를 안고 있습니다.

최재목(이하 최) : 네, 반갑습니다. 서승완 군이 메타버스를 통해 만들어가고 있는 성과를 주의 깊게 보고, 또 응원하고 있습니다. 원고를 조금 읽어 보았는데, 영남대학교 학생들이 가상 공간에서 캠퍼스를 만들고, 하나의 사회를 구성해가는 모습이 현실과 정말 유사하다는 생각이 들었습니다. 영남대 구성원으로서 학생들이 자랑스럽기도 합니다. 앞으로 더욱 정진해서 무언가 일가를 이루었으면 합니다.

서 : 감사합니다. 교수님께서도 일찍부터 메타버스에 많은 관심을 가지고 계셨던 것으로 압니다. 매번 관심을 갖고 응원해주시는 덕에 여기까지 올 수 있지 않았나 싶습니다.

최 : 저의 고민이나 서승완 군의 고민이나 일맥상통할 것이라 생각합니다. 사실 메타버스라는 것이 완전히 새로운 것도 아니고, 이전부터 비슷한 형태의 것들은 있었습니다. 몇 년 전 인터넷을 뜨겁게 달구었던 세컨드라이프나, 싸이월드, 페이스북과 같은 SNS도 일종의 메타버스라 할 수 있겠지요. 기술이 나날이 비약적으로 발전하면서 철학이 해야 할 역할에 대한 고민도 따라올 수밖에 없겠습니다. 그래서 얼마 전 <교수신문>에 메타버스 관련 칼럼을 기고하기도 했습니다.

메타버스와 대학의 미래

[대학정론_ 최재목 논설위원 / 영남대] 메타버스로 입학식을 거행한다는 등, 최근 대학사회에서 메타버스에 대한 관심이 높아지고 있다. 초월을 뜻하는 메타(Meta)와 우주(세계...

대학정론 | 최재목 | 2021-09-14 09:01

<출처 : 교수신문>

서 : 네 교수님, 저도 그 칼럼을 읽었던 기억이 납니다. 칼럼에서도 교수님께선 메타버스의 중심이 '사람'임을 강조하셨던 것 같습니다. 오늘 대담은 책의 부록으로 들어갈 내용이라, 독자분들을 위해서 칼럼의 내용을 조금 부연해 주시면 감사할 것 같습니다.

최 : 메타버스는 지상의 풍경과 닮아 있기도 하지만, 분명히 현실과는 또 다른 세상입니다. 그만큼 사람의 시야에서 벗어나, 기술이나 자본에

결탁하기 쉽다는 불안감도 떠안고 있습니다. 제가 말하고 싶었던 것은 인간이 만든 기술에, 우리들 스스로가 소외되어서는 안 된다는 겁니다. 메타버스라는 껍데기만 있고, 인간이 설 자리가 없다면 그보다 불행한 일이 어디에 있겠습니까? 메타버스를 통한 기능적, 기술적, 홍보적 경쟁만 앞세울 것이 아니라 인문적, 철학적 안목을 통해 메타버스 세계 자체를 바로 세우는 작업이 필요합니다.

서 : 맞는 말씀입니다. 저도 사람이 없는 메타버스는 폐허에 불과하다는 생각이 듭니다. 그리고 교수님의 말씀을 들으니 문득 『장자(莊子)』 『천지(天地)』편에 나오는 기심(機心)에 대한 이야기가 생각납니다. 공자의 제자인 자공(子貢)이 기계를 사용하지 않는 노인을 만나는 이야기 말입니다. 자공이 노인더러 기계를 사용해서 편하게 일하라 했지만, 노인은 '기계를 사용하면, 반드시 기사가 있고, 기사가 있으면 반드시 기심이 생기기에, 도에 이를 수 없다'고 말했던. 이런 내용이 맞나요?

최 : 맞습니다. 그런 이야기가 있지요. 오해할 수도 있지만, 그 이야기는 기술을 완전히 부정하는 것이 아닙니다. 기술 때문에 인간의 '자연스러움'을 잃어버리는 일, 기사(機事)와 그 근간에 있는 기심(機心)을 경계하는 것이라 봐야겠죠. 오늘의 주제가 메타버스인데, 이렇게 『장자(莊子)』를 통해 이야기를 풀어나가는 것도 적절하다고 생각됩니다. 결국 메타버스라는 것은 현실을 초월할 수 있다는 것인데, 『장자(莊子)』에 그런 내용들이 많이 등장합니다. 호접몽(胡蝶夢) 이야기도 대표적이고.

서 : 호접몽은 장자가 나비 꿈을 꿨다는 이야기 아닙니까? 장자가 나비

꿈을 꾸다가 깼는데, 자신이 나비 꿈을 꾼 것인지, 현재 나비가 자신의 꿈을 꾸고 있는 것인지 의문스러웠다고 한 내용. 마치 선문답 같고, 막연한 공상처럼 받아들이시는 분들도 많을 것 같은데요. 저도 몇 년 전에 교수님의 도가철학 강의를 수강하면서 많이 천착했던 기억이 납니다. 이걸 메타버스와 어떻게 연결할 수 있을까요?

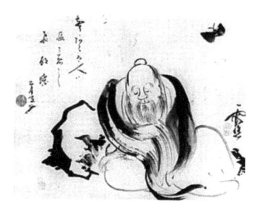

장자 호접지몽(胡蝶之夢) <출처 : Wikimedia>

최 : 결국 장자가 호접몽 이야기를 통해 말하고자 했던 바는 '피아의 구분이나, 외부와 내부의 구분을 넘어서는 절대 자유의 경지'입니다. 인간이 가지고 있는 편협한 사고의 틀과 인식에서 벗어나, 우주 만물의 저절로 그러한 상태인 도(道)를 따르라는 것이지요. 즉, 장자는 '도(道)의 관점에서 만물과 차별 없이 하나가 된 상태'를 지향합니다. 조금 더 어려운 개념을 빌리면 물화(物化), 제물(齊物), 만물일체(萬物一體)라고도 표현할 수 있습니다. 또, 그런 세계에서 노니는 것을 두고 장자는 소요유(逍遙遊)라 하지요.

메타버스는 가상의 공간을 실제 학교처럼 넘나들고, 가상 속의 인물들과 밥도 먹고, 일도 할 수 있게 해줍니다. 장자와 나비가 꿈과 현실의 경계를 넘나들던 것처럼, 가상 공간과 현실 공간, 가상 인간과 실제 인간이 디지털을 매개로 넘나드는 것이지요. 여기에는 국경도, 인종도, 성별도, 나이도, 빈부귀천도 필요 없습니다. 저는 그게 중요한 포인트라고 생각합니다.

서 : 과연 그렇습니다. 결국 메타버스가 그리는 미래도 차별과 경계, 구분으로부터 자유로운 세계일 겁니다. 수만 킬로미터가 떨어진 곳에서도 자유롭게 소통하고, 하나의 공간을 공유하고, 언어도 번역되고, 아바타를 통해 끊임없이 자신의 모습을 바꾸고요. 『장자』의 첫 문장에도 곤(鯤)이라는 물고기가 갑자기 붕(鵬)이라는 새로 바뀌고, 이게 어떻게 보면 완전히 말도 안 되는 이야기지 않습니까? 현실에서는 이루어지지 못하지만, 메타버스에서는 이런 것도 충분히 일어날 수 있거든요. 저도 이게 많은 걸 의미한다고 봅니다.

최 : 메타버스에서는 공자와 맹자가 함께 만날 수도 있고, 내가 공자도, 맹자도, 붓다도, 소크라테스도 될 수도 있고.

서 : 네, 맞습니다. 무엇보다 아바타가 있으니까요. 뼈와 살로 이루어진 현실의 몸으로는 디지털 세계로 들어갈 수 없으니까, 아바타를 통해 그 세계로 접속할 수밖에 없는 것입니다. 오히려 그래서 막 변신도 할 수 있고, 여러 아바타를 활용해서 원하는 모습을 꾸밀 수도 있습니다. 제가 공자나 맹자가 되는 것도 어렵지 않고요. 그런데, 그래서 생기는 문제들도 있더라고요.

최 : 익명성의 문제, 여러 인격을 이용하거나 대리하거나 일탈하면서 생

기는 문제들이 분명히 있을 것 같군요.

서 : 네, 결론부터 말씀드리자면, 아바타가 단순한 대리행위자(agent)가 아니었다는 것입니다. 저희는 흔히 현실 세계의 인간이 아바타를 컨트롤한다고 생각하지만, 아바타는 동시에 그 가상 세계를 살아가는 주체이기도 하거든요. 일례로, 저희 영남대학교 메타버스에 있는 학생들은 처음 몇 달 동안은 실제로 만나본 적이 없습니다. 오직 아바타만으로 서로를 인식하고 정의 내렸죠. 그러다보니, 아바타의 모습이 달라지니 '완전히 다른 사람'으로 인식되는 일도 있었습니다.

최 : 자칫 다중 인격, 복수 인격의 문제도 있지만 실제 현실 속에 살아있는 인간을 기피하거나 혐오하는 현상이 생겨날 가능성은 없는지 조심스러운 대목도 있습니다. 은폐성과 익명성도 그렇지만, 가상=현실의 일상화, 현실=탈현실의 생활화가 앞으로 어떤 문제를 발생시킬지는 좀 더 두고 보아야 할 거 같군요.

서 : 역시 메타버스의 방향이 중요할 수밖에 없겠습니다. 오히려 무한한 자유가 또 다른 분별과 차별, 경계를 만들어낼 수도 있는 위험도 있지 않나 싶습니다.

최 : 그래서 장자가 말하는 기심(機心)에 더욱 주목해야 하는 것입니다. 그 주체와 방향성을 잃어서는 안 되고, 부작용에 대한 경계와 고민, 공부도 병행되어야 할 것입니다. 이런 저런 문제들이 인문학적 문제이고 나아가 철학적인 문제인 것 같습니다. 늘 잊어선 안 되는 것이 '왜? 무엇을?'인 것 같아요.

서 : 말씀하신 소요유(逍遙遊), 일체의 구분들로부터 초탈하여 노닌다는 것인데, 마침 공교롭게도 '놀 유(遊)'자가 들어가네요. 새삼 깨달았습니다. 저희 영남대 학생들도 메타버스에서 갖가지 방법으로 놀고 있는데, 메타버스는 놀이와 일의 경계마저 흐릿하게 만들어주는 듯합니다. 저희 학생들은 실제 영남대 캠퍼스를 메타버스 속에 옮기고 있는데, 이게 현실에서는 굉장한 노동이지만, 학생들은 엄청 즐겁게 하고 있거든요. 잘 모르시는 분들이 보면 '소득도 없는 일을 뭐 하러 사서 고생하냐' 하십니다. 근데 그냥 학생들은 그 자체로 재미있는 거예요.

최 : 원래 삶은 축제고 놀이입니다. 놀이여야만 하고요. 그래야만이 '무엇을 어떻게 하고 놀아야 재미있을까'를 고민하게 되고, 그 '방법'을 찾게 됩니다. '놀이'와 '축제'라는 것을 망각하면, 우리의 현실은 빈곤과 죽음으로 치달을 수밖에 없습니다. 저는 메타버스의 근간이 '놀이'에 있다는 사실이 우연이 아니라고 생각합니다. 놀이가 없다면 메타버스는 성립될 수 없을 겁니다. 가령 니체는 '정신의 세 가지 변화'를 두고 가장 이상적이고 궁극적인 단계를 '놀이하는 아이의 정신'이라 역설합니다. 그저 복종하기만 하는 낙타의 정신, 방종과 다름없는 사자의 정신이 아니라, 스스로의 세계를 창조하고 긍정하는 아이의 정신, 그 핵심이 바로 놀이에 있다는 것입니다. 새로운 세계를 창조하고 움직이는 것은 결국 '잘 노는 것'과 결부될 수밖에 없습니다.

서 : 항상 수업 시간에 '잘 노는 것도 공부'라고 하셨던 게 생각납니다. 새로운 세계를 창조하기 위해서는 놀이의 정신이 필요하다는 말씀이시군요. 이 '세계'와 '창조'라는 지점에도 의문 부호가 굉장히 많

이 달리는데요, 다시 원점으로 돌아와서 말씀 드리자면, 메타버스는 현실을 초월한 가상의 세계이지 않습니까? 어떻게 보면 불교에서 이야기하는 '삼천대천세계(三千大千世界)'처럼 굉장히 많은 우주들이 존재하고 있는 것인데, 이것들 모두 동일한 것이 아니라 그 형태나 내용, 플랫폼들이 천차만별이거든요. 이걸 모두 우리가 어떻게 정의내리고, 하나의 범주 안에서 이야기할 수 있을지가 참 고민입니다.

최 : 우주에 대한 논의가 필수적이지요. Metaverse도 초월을 의미하는 'Meta'와 세계를 의미하는 'Universe'의 합성어라 이해가 쉬운데, 중국어로 보면 더 와 닿습니다. 중국에서는 메타버스를 元宇宙(원우주)라고 번역했습니다. 우리는 그냥 '세계'라고만 말하지만, '우주'라는 단어가 훨씬 아귀에 맞는 것 같습니다. 우주(宇宙)는 중국 나아가 동양의 역사에서 매우 중요한 단어인데, 원우주도 공간적 개념인 우(宇)와 시간적 개념인 주(宙)의 합성어이죠. 시공간을 모두 아우르는 단어라는 말입니다. 물론 시간은 공간을 떠날 수 없고, 공간을 떠나서는 시간이 의식될 수 없죠. 메타버스는 시간성보다는 공간성에 더 강조점이 있다고 봅니다. 어쨌든 원우주가 진정으로 시공간을 초월할 수 있는 메타버스에 더욱 어울린다 할 수 있겠죠. 여기서 저는 '우주가 인간의 의식을 만드는 것이냐, 아니면 인간의 의식이 우주를 만드는 것이냐' 이런 질문을 던져볼 수 있을 것 같습니다. 서승완 군은 어떻게 생각하나요?

서 : 어려운 질문입니다. 일반적인 상식과는 달리, 인간의 의식이 우주를 규명하는 부분이 있지 않을까 생각합니다. 시간과 공간이라는 것도 사람들이 사물을 인식하기 위한 개념에 불과한 것이 아닐까 하는 생

각이 듭니다. 인식론적 논의들이 많이 요청될 것 같은데요.

최 : 그렇지요. 양명학이 이야기하는 심외무물(心外無物, 마음 바깥에 사물이 없음), 심외 무리(心外無理, 마음 바깥에 이치가 없음), 심외무사(心外無事, 마음 바깥에 일이 없음)에도 우리가 주목해보면 좋겠습니다. 우리의 의식 활동과 대상의 관계에 대한 고민 말이죠.

서 : 결국 메타버스라는 새로운 우주를 어떻게 정의 내릴 것이냐, 우리 인식의 차원에서 어떻게 이야기할 수 있느냐가 핵심인 것 같습니다.

최 : 뿐만 아니라, 여러 가지 메타버스에 대한 철학적, 인문학적 기반들이 좀 더 본격적으로 논의되면 좋겠어요.

서 : 곧 '메타버스 철학' 내지는 '메타버스 인문학'이라는 새로운 분야가 필요해질지도 모르겠습니다. 분명한 건, 오늘 교수님 덕분에 '메타버스 철학'에 대한 초장이 좀 써지지 않았나, 그런 생각이 듭니다. 저도 계속 고민해 보겠습니다.

최 : 네 고맙습니다. 오늘의 이야기가 오늘 한 번으로 그치는 것이 아니라, 많은 분들께 좋은 영감을 얻는 계기가 되고, 더욱 많은 논의를 이끌어낼 수 있는 마중물이 되기를 바라봅니다. 대학 현장에서도 인문학적, 철학적 안목을 특성화하는 방향에서 메타버스에 대한 고민이 계속 만들어져야겠습니다. 출판에도 좋은 성과 있기를 바랍니다.

서 : 귀한 시간 내주셔서 감사드립니다.

□ 나오며 ■
가장 중요한 것은
다름 아닌 '사람'

1년하고도 7개월이 넘는 시간 동안 영남대학교 학생들이 만들어 온 세계와 그 세계에 얽힌 이야기들을 차근차근 풀어보았습니다. 어떠셨나요? 여러분들이 새로운 세상을 꿈꾸고, 만들어가는 데에 티끌만한 도움이라도 되었다면, 그리고 개미 허리만한 영감이라도 줄 수 있었다면 정말 기쁠 것 같습니다.

그렇다고 저희들의 이야기가 그리 대단한 것은 또 아닙니다. 그저 운이 좋아서, 좋은 사람들을 만나서 외부에 많이 알려졌을 뿐이지요. 지금도 보이지 않는 어딘가에는 또 새로운 세계가 멋지게 만들어지고 있을 겁니다.

무궁무진한 메타버스의 미래 앞에서, 저희는 수많은 '시작'들에 불과하겠죠? 분명 앞으로 펼쳐질 메타버스의 미래는 더욱 무궁무진할 겁니다. 도입부에서 밝혔던 것처럼, 저는 그 가운데에서 가장 중요한 것이 다름 아닌 '사람'이라고 믿습니다. 화려한 기술이나 어마어마한 경제 가치가 아니라 그 메타버스를 향유하고, 메타버스를 만들어가는 사람들의 소통과 문화, 세계관 말이지요. 이 책의 모든 내용을 지워버린다고 해도 그 이야기만큼은 꼭 남겨두고 싶습니다.

亦將有以利吾國乎
"맹자 선생, 어떻게 하면 우리나라를 부강하게 할 수 있겠소이까?"
王何必曰利有仁義而已矣
"왕께서는 어찌 이익을 이야기하십니까? 중요한 건 (사람을 향한)사랑과 정의입니다."

〈맹자 양혜왕편〉

사실 더 많은 내용을 담고 싶었지만, 저의 능력 부족으로 그러지 못했습니다. 그렇다고 못다 한 이야기들이 정처 없이 이 우주를 떠돌도록 허락하진 않을 생각입니다. 이 소중한 경험을 발판 삼아 하고 싶은 이야기들이 너무 많기에, 그것들을 펼쳐낼 또 다른 무대를 계속 꿈꾸겠습니다.
부족한 책을 읽어주셔서 감사드립니다.

YUMC

•••

362 likes

metaverse   #minecraft   #YUMC

CAMPUS LIFE

http://yumc.kr

낚시를 즐기며 수다를 떠는 학생들

캠퍼스에서 벚꽃놀이 하는 학생들

IN METAVERSE

영화를 촬영하는 학생들

이이잉 학생의 군대 송별회

한 학생이 개업한 커피숍

불꽃놀이를 관람하는 나주 주민들

IN METAVERSE

메타버스 캠퍼스 내 우체국

메타버스 카페에서 대화를 나누는 학생들

메타버스 속 사진 전시회

학생들이 만든 배

IN METAVERSE

밴드 공연을 연습하는 학생들

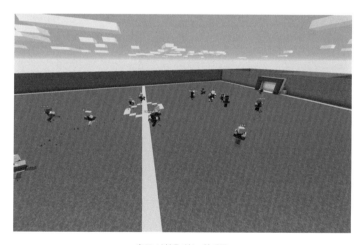

축구 시합을 하는 학생들

포장마차를 운영하는 한 학생

철도 역사(팔공산역)

IN METAVERSE

타임캡슐 매설 행사

얼음 도로를 만드는 학생들

나는 메타버스에 살기로 했다

인쇄　　　2021년 10월 26일
제1판 1쇄　2021년 11월　1일

지음　　　서승완
발행인　　엄혜경
발행처　　애드앤미디어
등록　　　2019년 1월 21일　제 2019-000008호
주소　　　서울특별시 영등포구 가마산로 50길 27
홈페이지　www.addand.kr
이메일　　addandm@naver.com
교정교안　copyyoon@naver.com
디자인　　얼앤똘비악 www.earlntolbiac.com

ISBN　　　979-11-976250-0-8 (13000)

책값은 뒤표지에 있습니다.
잘못 만들어진 책은 구입처에서 바꿔 드립니다.

ﾉ 애드앤미디어 는 당신의 지식에 하나를 더해 드립니다.